LE COURS D'ART FLORAL
DE JANE PACKER

Photographie de Paul Massey
Stylisme et accessoires de Jo Barnes

LE COURS D'ART FLORAL DE JANE PACKER

Des techniques faciles pour des compositions fleuries fabuleuses

les éditions de saxe

Le cours d'art floral de Jane Packer
© Les Editions de Saxe 2009
www.edisaxe.com
Traduit de l'anglais par Céline Poncet
ISBN : 978-2-7565-0469-8
Imprimé en Chine

Publié pour la première fois
au Royaume-Uni en 2008
par Ryland Peters & Small
20-21 Jockey's Fields
Londres WC1R 4BW
www.rylandpeters.com

Maquettiste : Megan Smith
Responsable d'édition : Annabel Morgan
Repérage des lieux : Jess Walton
Production : Patricia Harrington
Directeur artistique : Leslie Harrington
Directrice de publication : Alison Starling
Stylisme et accessoires : Jo Barnes

Texte en anglais © Jane Packer 2008
Création et photographies
© Ryland Peters & Small 2008

Sommaire

INTRODUCTION

LORSQUE J'AI OUVERT MA PREMIERE BOUTIQUE EN 1982 DEJA, c'était une petite affaire à Londres dans James Street. Bien qu'intimement convaincue que les fleurs apportaient beaucoup à un intérieur et que la mode en art floral était influencée par les tendances de la mode en général, j'ai mis du temps à en persuader les autres. Avec l'aide généreuse de certains rédacteurs de magazines, j'ai commencé à voir mon nom mentionné dans des articles pour lesquels j'avais fourni des fleurs. Lentement, ma réputation s'est accrue et l'on a compris peu à peu que, pour de nombreuses entreprises et maisons, les fleurs étaient devenues plus qu'un geste symbolique –elles étaient à présent une expression de la mode.

Nous étions alors submergés de demandes de formation, c'est ainsi que l'idée d'une école d'art floral Jane Packer est née. Elle a ouvert en 1990. Près de vingt ans plus tard, l'école se situe dans le village de Marylebone au 32-34 New Cavendish Street, et je suis stupéfaite du nombre de personnes qui sont venues du monde entier pour franchir son seuil. Nous avons ouvert plusieurs magasins et écoles à l'international –à Tokyo, en Corée, à New York et, tout dernièrement au Koweït– ce que je n'aurais jamais imaginé possible. Dieu merci, la fleuristerie et le jardinage sont devenus des industries créatives très respectées. Je suis extrêmement fière de regarder autour de moi, à travers le monde, en sachant que nous avons enseigné la philosophie de Jane Packer à de si nombreuses personnes et que tant d'affaires couronnées de succès ont été influencées par notre travail.

Au cours des années, on m'a demandé d'innombrables fois de définir mon propre style personnel. C'est une tâche impossible à mains égards, car mon goût et mon inspiration évoluent et changent constamment, en accord avec d'autres tendances et modes. Toutefois, ce qui est important, c'est d'apprendre et de maîtriser les techniques de fleuristerie de base, car ceci vous permettra de changer et d'adapter votre propre style lorsque vous rencontrerez de nouvelles et passionnantes influences. C'est ce que nous enseignons dans les écoles Jane Packer et ce que j'aborde dans ces pages.

J'ai essayé de faire rentrer autant de choses que j'ai pu dans ce livre, en commençant avec des bouquets liés simples et en progressant vers des bouquets montés sur fil de fer complexes et des compositions sur socles de grande taille, avec une multitude d'idées entre les deux. Alors, que vous vouliez quelque chose de facilement réalisable pour des vases, des centres de table spectaculaires ou même des bouquets de mariée, tout est là. Bonne lecture et bonne chance. Qui sait ? Peut-être vous rencontrerais-je dans l'une de nos écoles un jour ou l'autre –c'est ce que j'espère !

Jane Packer

ACHETER DES FLEURS

Lorsque vous faites les magasins pour acheter des fleurs, vous voulez des fleurs fraîches qui jouiront d'une longue tenue en vase. Essayez de trouver des pétales, des feuilles et des tiges fermes et des fleurs avec un bon nombre de boutons qui ne sont pas encore ouverts.

Il y a également des signes révélateurs qui indiquent que les fleurs ne sont pas de la première fraîcheur. Je regarde toujours le feuillage –les feuilles (ou les tiges) flétries, molles et jaunissantes laissent penser que les fleurs sont défraîchies et fatiguées et qu'elles ont pu manquer d'eau un certain temps. Inspectez les feuilles et les tiges également, en évitant celles qui sont froissées ou abîmées.

Pour les roses, les pivoines ou autres fleurs à gros pétales, étudiez ces derniers. Si leurs nervures sont proéminentes, les fleurs sont déshydratées et ne valent pas l'argent durement gagné que vous dépenseriez. Examinez la base des tiges. Si elle est noire ou décolorée, c'est que les tiges n'ont pas été coupées depuis un moment et qu'on les a oubliées un certain temps.

Si vous élaborez des bouquets ou compositions pour une fête ou un mariage et voulez qu'elles soient au summum de leur forme, il se peut que vous deviez les acheter à des moments différents, songez-y. Les lys, par exemple, mettent du temps à s'ouvrir, tout comme les amaryllis et les jacinthes. Laissez-leur suffisamment de temps pour qu'elles puissent s'épanouir ; sans quoi les fleurs seront vertes et vos compositions manqueront de couleur.

LES AMARYLLIS

Elles arrivent du cultivateur en boutons bien fermés et s'ouvriront lentement. Les tiges doivent être solides, d'un vert vif, et craqueront lorsque vous les couperez.

LES ŒILLETS

Ils doivent être achetés lorsqu'ils ne sont pas encore ouverts. Si les pétales sont mous ou se recourbent vers l'intérieur et si les étamines centrales sont visibles, évitez-les. Avec des fleurs jeunes, vous serez capable d'ouvrir les pétales en les lissant à la main.

LES LYS

Un lys pleinement épanoui est de toute évidence dans les derniers stades de sa vie. Mais parfois les tiges de lys sont entreposées dans une réserve froide et leurs boutons bien fermés dissimulent le fait qu'ils ne sont plus aussi frais. Repérez les feuilles qui se flétrissent ou qui tombent.

LES FLEURS D'ETE

Les giroflées, les dahlias, les delphiniums, les scabieuses et les alliums ont tous des tiges souples qui se détériorent rapidement dans l'eau, devenant molles et visqueuses si l'eau n'est pas changée régulièrement.

LES TULIPES

Les tiges de tulipes fraîches produisent un son grinçant perceptible lorsqu'elles sont frottées les unes aux autres.

PREMIERS SOINS ET REMISE EN FORME

Une fois, j'ai acheté un très grand nombre de fleurs de giroflées mais elles sont mortes dans la nuit –panique ! Dieu merci, nous sommes situés près du marché de Covent Garden, nous nous sommes donc précipités pour racheter des fleurs et sauver notre journée. Mon erreur fatale a été d'entreposer les fleurs, en les laissant dans les emballages de cellophane, dans un sous-sol humide, avec, pour résultat, des fleurs tombantes et fanées. Quelle que soit la fleur, aussitôt que vous l'achetez, ôtez la cellophane et défaites tout lien de telle façon que l'air puisse circuler librement entre les fleurs. Je vois fréquemment des bottes de roses entreposées dans leur emballage de cellophane. Un ou deux pétales bruns est un indice révélateur dans ce cas. Fuyez-les comme la peste, car lorsque vous enlèverez l'emballage de la botte, il y a de grandes chances que des pétales et des fleurs entières tombent en rafale sur le sol.

FLEURS COUPEES : PREMIERS SOINS

Lorsque vous ramenez des fleurs à la maison, il est important de recouper les tiges avant de les mettre en bouquet. Les tiges sèchent très rapidement, laissant une surface qui n'absorbera pas davantage d'eau. Coupez les tiges en biais pour agrandir cette surface et leur permettre de continuer à s'hydrater. Ensuite, enlevez toutes les feuilles de la partie basse de la tige. Ceci contribuera à garder une eau propre. Vous trouverez souvent un petit sachet de nourriture spécifique avec vos fleurs. Utilisez-le –il agit vraiment. La nourriture pour fleurs permettra au vase de rester propre et sans bactéries, prolongeant ainsi la vie de vos fleurs tout en encourageant les boutons et les fleurs à s'ouvrir.

FEUILLAGE : PREMIERS SOINS

Quand j'ai commencé à travailler les fleurs à l'âge de quinze ans, ma tâche était de préparer le feuillage. Je devais passer des heures dehors dans le froid, à frapper au marteau les tiges ligneuses. Pauvre de moi, avec mes petites mains gelées ! Aujourd'hui, des années plus tard, on nous dit qu'une coupe franche et nette en biais est de loin préférable pour les tiges ligneuses, car elle n'endommage pas les capillaires qui absorbent l'eau. Je me demande si je peux intenter un procès pour cruauté ?!

FLEURS TOMBANTES : REMISE EN FORME

Les fleurs peuvent être délicates à traiter. Les roses, les tulipes, les gerberas et les hydrangeas peuvent être sensibles et laisser retomber leurs fleurs. Toutefois, il y a une manière rapide et facile de les raviver. Prenez plusieurs feuilles de papier suffisamment fort pour soutenir les fleurs (du papier journal convient bien). Disposez les tiges à plat sur le papier et enroulez ce dernier autour des fleurs en le serrant bien de telle façon que les fleurs affaissées soient maintenues complètement droites. Recoupez les tiges en biais et plongez-les dans de l'eau profonde. Laissez-les-y pendant plusieurs heures puis enlevez le papier. Et abracadabra : les fleurs sont régénérées !

L'EQUIPEMENT ESSENTIEL

Lorsqu'il s'agit de travailler avec des fleurs, il y a quelques articles de base que vous utiliserez encore et encore, dont certains sont illustrés ci-dessous. Hormis ces articles, je pense que la chose la plus importante est une bonne paire de ciseaux de fleuriste – de petits diables robustes qui mordent la tige de la fleur lorsque vous la coupez. Certains préfèrent utiliser des sécateurs (ou un couteau de jardin), et si vous créez des compositions gigantesques, vous aurez probablement besoin d'un sécateur pour couper net les branches coriaces.

RUBAN ADHESIF DE FLEURISTE
Le ruban photographié ici est du ruban Oasis résistant. Il est utilisé pour maintenir fermement de la mousse dans un contenant. D'autres types de ruban floral existent. Le plus fin est employé pour recouvrir le fil de fer des compositions (mariage ou funérailles). Il se présente en rouleaux et existe en blanc, vert et brun. Il y a également différentes marques disponibles mais je préfère le ruban gutta percha.

FIL DE FER EN BOBINE
Le fil de fer fin conditionné en bobines est utilisé pour soutenir les fleurs délicates (le muguet ou les feuilles isolées) qui nécessitent d'être soutenues pour conserver leur forme ou pour être maintenues en place. Les fils de fer photographiés ci-dessus sont plus lourds et principalement employés pour la décoration ou pour fixer la mousse naturelle sur les couronnes et autres compositions.

FICELLE ET CORDE
La corde, ou ficelle, sert à attacher les fleurs ensemble dans un bouquet lié à la main. Elle est aussi utilisée pour fixer de la mousse naturelle sur un support. J'aime travailler avec du fil de fer à lier Oasis (Bindwire). Il ressemble à de la ficelle mais est en fait du fil de fer recouvert de papier qui permet de regrouper les fleurs sans effort.

Si vous prévoyez de réaliser de nombreuses compositions en fil de fer, investissez dans des pinces coupantes pour cisailler du grillage à poules ou du fil de fer de fleuriste résistant sans abîmer vos ciseaux. La mousse de fleuriste est un autre élément essentiel –elle est utilisée pour les compositions qui doivent tenir dans la durée, car elle maintient les fleurs en place et leur procure de l'eau en même temps. Un couteau aiguisé a son utilité pour couper de grands blocs de mousse.

FIL DE FER DE FLEURISTE

Ces tiges métalliques, ou « fil à tiger », soutiennent les fleurs. Les tiges les plus fines ont un calibre de 32-34 exprimé en gauge et font 15 cm de longueur. La tige de 56 gauge apporte un plus grand soutien alors que la tige de 71 gauge est encore plus forte et est la plus utilisée. La tige de 90 gauge, plus robuste et plus épaisse, est employée pour soutenir des éléments lourds comme les fruits, les pommes de pin et les grosses fleurs.

EPINGLES A TETE NACREE

Elles sont parfaites pour réaliser les finitions des tiges recouvertes de ruban formant la poignée des bouquets de mariée, ou pour maintenir en place des feuilles qui ont été enroulées autour d'un groupe de tiges. Elles peuvent être achetées dans une variété de couleurs, et peuvent donc devenir une partie majeure de la composition.

SECATEURS

Les sécateurs sont utiles lorsqu'il s'agit de couper des tiges robustes –vous les trouverez inestimables si vous coupez un feuillage ligneux ou d'autres tiges coriaces. Gardez-les toujours propres et aiguisés.

JANE PACKER
LONDON NEW YORK TOKYO

DES FLEURS À OFFRIR

BOUQUET PLAT CLASSIQUE

Cette composition liée à la main est une version réactualisée du traditionnel bouquet « plat ». La longueur des tiges est conservée pour que les fleurs puissent être disposées comme elles se présentent ou réarrangées par la personne qui les reçoit. Les bouquets plats sont le cadeau idéal à offrir à ceux de vos amis qui prennent du plaisir à composer des bouquets.

FOURNITURES
9 tiges d'allium
10 tiges de salvia leucantha
3 tiges d'eucalyptus
8 tiges de rose Cool Water, dépouillées de leurs feuilles basses
2 choux d'ornement
2 fleurs d'hydrangea nuancé de pourpre
bobine de ficelle

1 Commencez par prendre trois tiges d'allium et regroupez-les de telle façon que les fleurs soient décalées en hauteur. Coupez une longueur de ficelle et nouez les tiges à deux-tiers de leur longueur. Ceci forme l'épine dorsale du bouquet, il est donc important de choisir des fleurs dotées de tiges robustes.

2 Ajoutez trois tiges de salvia et trois tiges d'eucalyptus à la botte d'alliums, en plaçant les salvias sur un côté et l'eucalyptus sur l'autre. Assurez-vous que le feuillage s'incline vers l'extérieur. Nouez à deux-tiers de la hauteur des tiges.

3 Placez les roses et les alliums restants sur le bouquet lié, en disposant cinq roses sur un côté et trois sur l'autre. Avec un bouquet plat, l'idée est de montrer les fleurs plutôt que de les disposer, les plus longues pièces doivent donc être placées à l'arrière et les pièces plus courtes et à fleurs plus grosses sur le devant. Prenez les choux d'ornement et ouvrez délicatement les feuilles pour créer l'effet plus rond d'une fleur.

4 Placez à présent les deux choux d'ornement sur les autres fleurs, vers le centre. Enfin, ajoutez les fleurs d'hydrangea, en les disposant juste en dessous des choux. Saisissez vigoureusement les tiges vers le bas et nouez-les solidement. Recoupez avec netteté les extrémités en forme de gerbe de blé (elles doivent représenter un tiers environ de la longueur totale du bouquet). Le bouquet est maintenant terminé.

CI-CONTRE Les bouquets plats ont commencé à perdre de leur popularité lorsque les petits bouquets liés à la main européens sont entrés en scène au début des années 1980. Dans le (triste) passé, je me souviens avoir vu des bouquets plats épouvantables contenant tout ce qu'il restait dans la boutique du fleuriste. Heureusement, les choses ont évolué depuis lors, et cette composition succulente réinvente l'image surannée du bouquet plat.

CETTE PAGE J'aime ces rameaux de petites roses Majolica, avec leur teinte rose porcelaine. Ici, elles sont disposées au centre et autour de roses Blizzard blanc crème à grosses fleurs. Des fleurs d'hydrangea d'une blancheur parfaite sont positionnées vers la base du bouquet, et des feuilles panachées de weigelia sont enlacées parmi les fleurs. L'effet d'ensemble est doux et léger –une décoration parfaite à placer en bout de banc à l'église pour un mariage ou, à présenter dans un emballage en papier de soie pour célébrer la naissance d'un bébé.

CETTE PAGE Tel un nuage, la fleur de l'hydrangea blanc est enchanteresse en plan rapproché. Utilisez-la avec d'autres fleurs blanches ou rassemblez-en toute une brassée dans un vase pour un effet spectaculaire.

CETTE PAGE Enveloppé avec une simplicité désinvolte dans un papier brun noué avec un cordon marron, ce bouquet plat produit un effet élégant et spontané. C'est incroyable comme l'emballage peut influencer l'aspect global. Le bouquet est composé de roses rouge sang Grand Prix, de feuilles de cordyline et d'artichauts nuancés de bordeaux.

CETTE PAGE Un bouquet plat classique de saule blanc « tactile », de tulipes à fleurs de pivoine et de roses roses. Le feuillage d'un bordeaux intense est celui du photinia et du skimmia, choisis pour ajouter de la profondeur aux roses délicats.

BOUQUET CLASSIQUE LIÉ À LA MAIN

Le bouquet lié à la main est arrivé au Royaume-Uni après des années de popularité en Europe continentale, où les fleuristes montaient les tiges automatiquement en spirale au fur et à mesure que le client choisissait ses fleurs. Ces bouquets sont maintenant l'une des présentations florales les plus appréciées. Ils constituent des cadeaux parfaits car les fleurs sont déjà agencées et nécessitent seulement d'être transférées dans un vase.

FOURNITURES
3 tiges d'amaryllis
15 tiges de rose Amnesia
10 tiges de tulipe Black Knight
bobine de ficelle
papier pour emballer le bouquet

1

1 Prenez une grosse fleur comme point central du bouquet et nouez la ficelle autour de la tige de cette fleur au « point de ligature » –15-20 cm sous la fleur environ. Tenez la fleur fermement de votre main gauche. Avec la main droite, groupez plusieurs fleurs autour de la première, en en ajoutant une à la fois, en enroulant la ficelle autour des tiges et en faisant tourner le bouquet au fur et à mesure dans le sens inverse des aiguilles d'une montre. Continuez à former un cercle de fleurs autour de la fleur centrale.

3

4

2 Commencez à élaborer un second cercle de fleurs autour du premier. Inclinez légèrement les tiges pour créer une forme arrondie sur le haut du bouquet. Veillez à lier les tiges au même point. Par exemple, si vous commencez avec un point de ligature situé 20 cm sous les fleurs, vous devez continuer à lier à ce point.

3 Au fur et à mesure que vous continuerez à ajouter des tiges, en faisant pivoter le bouquet dans le sens inverse des aiguilles d'une montre tout au long du travail, vous verrez que le bouquet de fleurs prend peu à peu une forme régulière de dôme sur le dessus.

4 Continuez à ajouter des éléments jusqu'à ce que le bouquet soit à la taille désirée ou que toutes les fleurs aient été utilisées.

5 Enroulez la ficelle autour du point de ligature plusieurs fois puis faites un nœud.

6 Coupez les extrémités des tiges en les égalisant. Leur longueur dépend de la hauteur du bouquet –par exemple, si le point de ligature est à 20 cm, alors vous devriez laisser une longueur de tige de 20 cm sous ce point.

CI-CONTRE J'aime les bouquets liés à la main, des petits bouquets adorables aux brassées de fleurs glamour comme celle-ci. Ils sont devenus le cadeau floral le plus commandé, cela tenant en partie au fait que le destinataire n'a qu'un simple geste à faire –pas besoin de réagencer les fleurs ; recoupez seulement le bas des tiges et glissez-les dans un vase.

7 Rassemblez une longueur de papier de soie et enveloppez-la autour des tiges, en vous assurant que les deux extrémités de papier sont de la même longueur à l'endroit où elles se rejoignent.

8 Nouez le papier au point de ligature ou à la « ceinture » en veillant à ce qu'il recouvre les tiges. Ici, j'ai utilisé un papier de soie dans un coloris doux de crème pour mettre les fleurs en valeur et accroître la taille de l'ensemble ainsi que l'impact du bouquet.

CHAMP
MASS

CI-DESSUS Un bouquet lié à la main composé de fleurs spectaculairement colorées et regroupées en masse dense : hydrangeas rouges, amaryllis écarlates, dahlias bordeaux, feuilles de cotinus et une succulente teintée de rouge. La succulente a été retirée de son pot et les racines ont été lavées et enveloppées dans du film alimentaire transparent. Elles ont ensuite été recouvertes de ruban adhésif pour être traitées comme une seule tige, ce qui m'a permis de les ligaturer comme tout autre élément.

CI-CONTRE J'aime cette sélection de roses : les nuances crème glacée délavées confèrent à cette composition un charme séduisant, presque mélancolique, et fonctionnent si bien avec le métal mat du seau à champagne. Notez que plus le point de ligature du bouquet est haut et court, plus les fleurs sont serrées.

CI-DESSUS & CI-CONTRE Les textures stupéfiantes font des bouquets stupéfiants. Lorsque l'on associe des fleurs, il est important de choisir une variété de fleur dans des formes et tailles différentes, pour que chaque élément puisse être facilement distingué. Ce luxuriant bouquet lié à la main comporte des rameaux de petites roses délicates Majolica, des hydrangeas blanc crème, des roses à fleurs énormes nommées avec justesse « Blizzard », des capsules de pavot d'un vert vif et des brins d'herbe d'ours peints en blanc. Les tiges d'herbe ont été courbées pour former une boucle et liées à une extrémité.

BOUQUET DE BOTTES LIE À LA MAIN

J'aime ce style inhabituel de bouquet lié à la main –des fleurs regroupées par variétés en petites bottes que l'on ligature à leur tour pour former l'assemblage final. Ma philosophie est d'utiliser les fleurs d'une manière naturelle, en m'inspirant de la façon dont elles poussent.

1

2

FOURNITURES
9 tiges de feuilles de cordyline
6 tiges de rose Soutine
5 épis d'amaranthus
8 tiges d'arum rose
6 tiges de rose rouge foncé,
Grand Prix par exemple
5 tiges de feuilles de cotinus
bobine de ficelle

1 Pliez les feuilles de cordyline sur elles-mêmes pour former des boucles et attachez la pointe de la feuille à la tige avec de la ficelle.

2 Enlevez les épines et les feuilles basses des tiges de rose et d'amaranthus. Maintenant, commencez à lier les fleurs par variétés.

3 Formez quatre bouquets au total, chacun étant composé d'une seule variété de fleur et entouré par les feuilles de cordyline.

3

4 Liez les bouquets d'arums et des deux variétés de rose, en imaginant qu'ils occupent les positions de 12 heures, 20 minutes et 40 minutes sur une horloge, et en laissant de petits espaces vides entre les trois bouquets.

5 Ajoutez le bouquet d'amaranthus puis remplissez les espaces vides entre les autres fleurs avec des tiges de cotinus bordeaux foncé.

6 Assurez-vous que vous avez tourné le bouquet dans le même sens lorsque vous l'avez assemblé de telle façon que les tiges forment une spirale nette. A présent, recoupez les tiges pour les égaliser et placez le bouquet dans un vase.

CETTE PAGE Utilisez un vase haut pour souligner le caractère théâtral de l'amaranthus qui tombe en cascade le long du vase et s'amoncèle en vrac sur la surface plus basse. L'amaranthus existe également en vert, vous pourriez donc recréer ce style en utilisant des fleurs et des feuilles vertes.

CETTE PAGE La même technique a été employée pour créer ce bouquet rose tendre. Des bouquets individuels, chacun constitué de roses, de celosias, de symphorines et de bouvardias roses, sont enveloppés dans des feuilles d'aspidistra.

CI-CONTRE Des boucles de ruban fin sont placées autour de roses Amnesia et de feuilles de cordyline pour rehausser la couleur et ajouter de la texture.

FLEURS DANS UNE CORBEILLE BASSE

Parlez de corbeille fleurie, et il est facile de voir ressurgir l'image de ces paniers démodés avec de longues anses arrondies, remplis d'éléments hideux dont les couleurs détonantes font presque mal aux yeux. Ce n'est pas nécessairement cela ! Choisissez une corbeille ou un panier que vous aimeriez avoir à la maison et qui aura toujours une utilité une fois que les fleurs ne seront plus qu'un lointain souvenir.

FOURNITURES

6-7 tiges de feuilles de cordyline panachées
3 coins ou pommes jaune doré
9 tiges de capsule de pavot
3 choux d'ornement
2 artichauts
2 fleurs d'hydrangea vertes
3 tiges de feuilles de brodea grises
carré de mousse florale recoupé à dimension
doublure en plastique ou sac poubelle, recoupé à dimension
tuteurs pour les fruits

1 Commencez par préparer vos éléments. Coupez les feuilles de cordyline à la base pour les raccourcir, en incisant les bords plus souples et en laissant la tige centrale. Effeuillez le bas des tiges des autres éléments et immergez la mousse florale dans de l'eau jusqu'à saturation.

2 Prenez les fruits et insérez un tuteur dans la base de chaque pièce. Doublez ensuite la corbeille de plastique et glissez-y le bloc de mousse, en le laissant dépasser du bord de plusieurs centimètres.

3 Commencez à piquer les éléments. L'idée, c'est que la composition paraisse naturelle et spontanée. En partant de l'un des côtés de la corbeille, groupez les éléments et laissez-les surplomber les bords de la corbeille.

CI-CONTRE J'estime que cette corbeille convient à de nombreuses situations différentes et peut être disposée dans presque n'importe quelle situation –sur une table basse ou au centre de la table de la salle à manger. Cette composition a une connotation de fin d'été en raison des fruits dorés et des tons verts passés des choux.

4 Remplissez progressivement la corbeille, en vous assurant qu'elle est jolie sous tous les angles. Sur le contour de la corbeille, enfoncez les tiges dans la mousse en les relevant un peu, pour que les fleurs dissimulent le rebord. L'effet fini doit donner une impression d'abondance, les fleurs étant groupées sans être trop serrées de telle façon que tous les angles offrent un aspect différent.

FLEURS DANS UNE CORBEILLE HAUTE

J'aime ces fleurs agencées dans une boîte à chapeau. Cette composition a une allure très moderne, avec sa forme cylindrique haute contenant un groupe de fleurs d'une seule variété. La couleur douce de la corbeille exige des tons discrets, alors qu'un panier plus foncé pourrait porter des couleurs plus fortes. Pendant plusieurs années, nous avons présenté sur notre site Internet une boîte à chapeau rose vif rempli de roses roses fabuleuses. La réaction a été phénoménale, l'effet de ces « fleurs dans un panier » est de toute évidence très apprécié.

FOURNITURES
environ 20 tiges de rose dans une variété de nuances lilas, rose pâle et rose plus foncé
doublure en plastique
2 blocs de mousse florale
corbeille haute avec couvercle
bobine de fil de fer
pâte adhésive « Oasis Fix »

1 Immergez la mousse florale dans de l'eau jusqu'à ce qu'elle soit saturée. Doublez la corbeille de plastique et remplissez-la avec les blocs de mousse florale mouillés, en laissant cette dernière dépasser du haut de la corbeille. Recoupez l'excédent de plastique.

2 Insérez une section de tige de rose de 10 cm au centre de la mousse pour qu'elle garde le couvercle de la corbeille légèrement ouvert. Si nécessaire, utilisez un peu de pâte adhésive « Oasis Fix » pour maintenir la tige en place. Nouez le couvercle de la corbeille à la base en utilisant une longueur de fil de fer.

3 Une fois la corbeille prête, préparez les roses. Otez toutes les épines et les feuilles de la partie basse des tiges. Prenez une rose à grosse fleur et coupez la tige à une longueur d'environ 5 cm. Coupez l'extrémité de la tige en biais afin de pouvoir l'enfoncer facilement dans la mousse. Piquez la fleur doucement et répétez l'opération avec une autre rose.

4 Recouvrez l'ouverture de la corbeille de roses. Utilisez des roses à grosses fleurs vers le centre de la corbeille et des roses plus petites vers les bords. Mélangez les couleurs pour produire un effet intéressant au lieu de les grouper par variétés. L'espace entre le couvercle et la base doit former une explosion de roses prêtes à jaillir.

CI-CONTRE La composition en corbeille traditionnelle était passée de mode lorsque j'ai créé cette « boîte à chapeau ». Elle est moderne et élégante et la corbeille peut être réutilisée par la suite. C'est aussi la simplicité du choix de la fleur qui fait qu'elle fonctionne aussi bien. J'ai vu de nombreuses copies de cette composition depuis qu'elle a été publiée sur notre site Internet, alors maintenant, j'en revendique la création !

FLEURS DANS UN SAC

Je suis toujours à la recherche de nouvelles façons de présenter mes fleurs et j'ai récemment découvert ce charmant sac en lin avec son imprimé fleuri estompé. Le sac doit être consolidé par la boîte en acrylique, qui contient également les fleurs et l'eau. Voici la manière de s'y prendre !

FOURNITURES
5 rameaux de petites roses rose foncé
8 tiges d'anémone
10 tiges de jacinthe pourpre
6 tiges de feuilles de senecio
carré de plastique/cellophane
bobine de ficelle
contenant en plastique rigide de taille adaptée au sac (qui agit comme support et doublure)
sac en toile de coton

1 En suivant les instructions pages 23-24, réalisez un bouquet lié à la main de la largeur de l'ouverture du sac de coton. Nouez avec de la ficelle puis recoupez les tiges de telle façon que les fleurs reposent sur l'ouverture du sac.

2 Coupez une pièce de plastique, ou de cellophane, suffisamment grande pour couvrir toutes les tiges. Placez le bouquet debout au centre du carré de plastique, relevez les bords de ce dernier et nouez-le au point de ligature du bouquet. Puis, à l'aide d'un broc, versez de l'eau au centre du bouquet jusqu'à ce qu'elle remplisse le sac en plastique.

3 Placez le bouquet dans le contenant carré en plastique puis mettez ce dernier dans le sac. Les feuilles grises de senecio fonctionnent parfaitement avec l'imprimé noir et blanc, et je pense qu'elles permettent de mettre la dernière touche de finition en termes d'impression et de composition.

CI-CONTRE Les fleurs et leur beauté vertigineuse ne cessent de m'ébahir. Cette nouvelle variété violette de jacinthe ne fait pas exception. Prenez juste une seconde pour vous émerveiller des tiges violettes contre le vert printemps des feuilles.

COMPOSITION EN FORME DE CŒUR

Capitonnée d'une sélection éblouissante de roses rouges parfaites, cette composition en forme de cœur est un témoignage de romantisme absolu. L'inspiration de ce cadeau est née de l'histoire imaginaire d'une girl séduisante à qui un admirateur entiché offrait une profusion de fleurs dispendieuses pour lui déclarer son amour éternel !

1

FOURNITURES
Environ 80 tiges de rose de quatre variétés et couleurs différentes. J'ai utilisé des roses Grand prix, Black Baccara, des rameaux de roses Tiramisu et une rose rayée nommée « Soutine »
1 base en mousse florale en forme de cœur

1 Immergez la base en mousse florale dans de l'eau jusqu'à saturation. Préparez un groupe de roses à la fois en ôtant toutes les épines et les feuilles et en coupant les tiges à 3-5 cm de long. Commencez à piquer une des variétés de rose à plus petites fleurs sur les côtés.

3

4

2 Ajoutez progressivement plus de roses, en utilisant les fleurs plus grosses et plus ouvertes vers le centre. Mélangez les variétés au fur et à mesure que vous recouvrez la base mais massez chaque variété en groupes de trois fleurs ou plus.

3 Continuez à ajouter des fleurs, en vous assurant, au fil du travail, que vous créez une forme rebondie au centre du cœur, à la façon d'un coussin, et une courbe sur le haut.

4 Une fois que vous avez terminé et que la base en mousse florale est entièrement recouverte, veillez à laisser l'excédent d'eau s'écouler du cœur avant de mettre en place celui-ci. Laissez-le reposer une nuit, si possible, pour éviter que l'eau se répande ou abîme les surfaces.

PAGE 50 Cette rose en rameaux légèrement nuancée de brun, avec des pétales fascinants plus pâles à l'extérieur, s'appelle « Tiramisu ».

CETTE PAGE Une composition de roses opulente est la déclaration d'amour parfaite pour de nombreuses occasions différentes –cadeau de Saint-Valentin, de fiançailles ou de mariage. Ce délicieux cœur de roses disposé sur une coiffeuse, rouge à lèvres rouge à portée de main, me fait penser à une diva glamour des années 1950 qui aurait reçu un cadeau d'un admirateur en adoration devant elle.

DES FLEURS
LA M

POUR
ISON

LES DIFFERENTES FORMES DE VASE

Les vases et les contenants de toutes couleurs, formes et tailles sont des outils de métier pour les amateurs passionnés de fleurs. « Pas un autre vase ! » dirait mon fils ou ma fille, exaspéré(e). Je répondrais avec un haussement d'épaules, parce que les vases sont si importants –ils sont la clé de tout ce que je fais.

CHOISIR DES VASES

Les formes, les textures et les couleurs de vase sont maintenant portées par les tendances des univers de la mode et de la décoration. Nous avons passé toute une décennie ou plus à jouer avec les vases en verre transparent mais, aujourd'hui enfin, il semble que la céramique et le verre coloré soient de retour pour de bon, et une longue liste de jeunes céramistes, ainsi que les principaux grands magasins, surfent sur la crête de cette nouvelle vague en vogue.

LE VASE CUBIQUE

Le vase cubique a été extrêmement populaire et important dans la composition florale ces dix dernières années. C'est un charmant petit vase pour présenter une botte de tiges courtes d'une façon nette et moderne –pensez aux anémones, aux tulipes et aux pivoines. Toutes les fleurs peuvent être utilisées dans un cube mais l'important c'est d'avoir suffisamment de fleurs pour le remplir. Si vos fleurs ont besoin d'un peu d'aide pour rester debout, utilisez une grille de ruban adhésif sur le haut du vase (ceci fonctionnera aussi avec les vases plus grands). Servez-vous-en exactement comme du grillage à poules dans les compositions florales traditionnelles et insérez les tiges dans les trous. Pensez juste à verser l'eau en premier, car le ruban adhésif mouillé ne colle pas !

LE VASE A COL ETROIT

Le col étroit de ces vases est conçu pour tenir et mettre en vedette une seule fleur parfaite. Je les aime. A quelle fréquence vous arrive-t-il de casser une fleur lorsque vous faites un bouquet sans pouvoir vous résoudre à la jeter ? C'est là que le vase à col étroit trouve sa voie. Ou peut-être en scrutant votre jardin par un jour glacial de printemps, comme je le fais parfois, vous repérez un beau camélia. Le temps que vous reveniez à la maison, il a disparu dans l'obscurité de la nuit. Coupez-le, placez-le dans un vase à col étroit et délectez-vous de sa beauté singulière. J'ai déjà utilisé des tubes à essai, des tasses à thé, et même des bouteilles de lait en verre, en guise de vases à col étroit –expérimentez différents récipients et constatez la façon dont une fleur isolée peut leur donner vie.

LE VASE EVASE

C'est probablement le vase le plus communément disponible alors qu'il peut être le plus problématique en termes de forme. Utilisez trop peu de fleurs et vous verrez vos tiges tomber sur le contour, laissant le centre vide. Commencez en plaçant des tiges sur le contour en travaillant dans une direction –disons dans le sens des aiguilles d'une montre. Continuez de cette manière, en utilisant des fleurs plus grosses vers le centre et des fleurs plus petites ou des feuilles sur les bords. Il y a une règle traditionnelle qui s'avère judicieuse –les tiges ne doivent pas être plus longues qu'une fois et demie la hauteur du contenant. Vous pouvez employer des tiges plus courtes mais pas plus longues.

LES VASES HAUTS

Utilisez un vase haut et droit pour présenter de grandes fleurs spectaculaires. Un vase rectiligne tiendra les fleurs droites, réservez-les donc aux tiges fortes et droites comme celles des lis, des agapanthes, des delphiniums et des glaïeuls.

LES BROCS

Les brocs et les pichets suggèrent immédiatement un esprit country décontracté. Mais cela dépend de la matière et de la couleur. Un grand broc élancé en verre peut sembler complètement contemporain, exigeant un cadre en accord.

CI-CONTRE Tous les passionnés d'art floral ont besoin de développer leur propre collection de vases dans des formes, tailles et textures différentes. Une bonne variété de formes et couleurs est importante. Les vases ne sont pas obligatoirement chers –ils peuvent avoir été dénichés dans un marché aux puces, achetés dans un grand magasin ou être des pièces de collection de valeur.

VASE CUBIQUE SIMPLE

Pour ce qui est des vases cubiques, il y a de nombreuses variations sur le même thème : ils existent dans toutes les matières, du verre transparent à la céramique d'art. Un cube doit être le plus simple des vases à utiliser. Placez juste une multitude de fleurs dans le vase et vous êtes arrivé au bout de vos peines. Si vous n'avez pas beaucoup de fleurs, ou si les tiges sont longues, essayez de les lier juste sous les fleurs pour créer un effet de masse. Cette petite astuce du métier marche à chaque fois.

FOURNITURES
16 tiges de rose
1 rouleau de ruban adhésif transparent ou de ruban adhésif de fleuriste
petit vase cubique

1 Remplissez le vase à moitié d'eau. En utilisant le ruban adhésif, créez une grille sur le haut du vase, en veillant à ce que les espacements soient réguliers.

2 Pour cette composition, où les fleurs sont disposées très régulièrement sur le bord du vase, les tiges doivent être parfaitement de niveau, assurez-vous donc de les couper à exactement la même longueur.

PAGE 59 Ce vase cubique en verre orange exige une simplicité absolue mais il arrive si bien à illuminer un coin sombre. Alignez trois ou quatre de ces vases pour en faire les pièces centrales d'une longue table. L'effet est spectaculaire.

VASES A COL ETROIT

CETTE PAGE Cette conception moderne du vase à col étroit (à gauche) m'émerveille. Vous fait-il penser à quelque chose ? Pour moi, il évoque un petit oiseau tendant le cou pour être nourri. Comme c'est là une pièce spectaculaire, j'ai utilisé deux tiges qui n'entrent pas en rivalité mais qui rehaussent plutôt la forme du vase.

Je trouve les vases à col étroit ravissants –c'est amusant de jouer avec eux et de faire des expériences. Le choix de fleurs est évidemment important, tout comme le choix du vase. Utilisez un contenant en verre, en métal ou en plexiglas, ou même un joli flacon à parfum vintage, pour obtenir le bon résultat. Placez un vase à col étroit sur votre table de chevet pour pouvoir sourire dès le matin ou près de l'évier pour que vous puissiez contempler une fleur parfaite tout en faisant la vaisselle. Coupez un spécimen sans défaut dans votre jardin ou utilisez une fleur cassée d'un bouquet que vous avez acheté plus tôt. Rien ne vous limite à un seul vase à col étroit, augmentez l'impact en en alignant plusieurs sur la cheminée ou choisissez des vases de différentes hauteurs et glissez une seule fleur dans chacun d'eux avant de les grouper au centre d'une table ronde.

CETTE PAGE Un groupe de petits vases à col étroit apporte de la couleur et de la vie à une petite table d'appoint. Les vases du centre sont de Jonathan Adler – j'admire beaucoup son travail et je vends ses vases dans ma boutique. Je pense qu'ils sont autant des objets décoratifs que des vases. Avec leurs différentes formes et tailles, ces vases contiennent une variété de spécimens parfaits et permettent d'apprécier la beauté singulière de chacun d'eux. A gauche, un camélia rose vif s'ouvre pour révéler une frange d'étamines dorées. A côté, des tulipes pivoines à fleurs doubles, de couleur rose abricot et mouchetées de vert, contrebalancent le ventre rebondi du vase. Dans le petit vase aux courbes très féminines du devant, des ellébores vert printemps mettent le moral au beau fixe. Et sur la droite, un vase « à fossettes » porte des primevères bleu-violet veloutées et une boule-de-neige d'un vert pomme pétillant.

VASES EVASES SIMPLES

CETTE PAGE Le vase évasé est peut-être la forme de vase la plus commune, mais il peut être délicat à traiter. La règle qu'il faut garder en mémoire, c'est que plus l'ouverture du vase est large, plus vous aurez besoin de fleurs pour le remplir. Ici, j'ai utilisé plusieurs fleurs d'hydrangea pour garnir le vase. Elles fonctionneraient bien seules mais, là, j'ai également ajouté de la hauteur pour un effet plus spectaculaire. De longues tiges de saule blanc s'élancent du centre des hydrangeas, leurs boutons ouatés concordant bien avec la couleur du vase et des autres fleurs. Insérez alors, si vous le souhaitez, quelques fleurs plus grosses. J'ai choisi des tulipes pivoines rebondies mais les pivoines ou les amaryllis conviendraient tout aussi bien.

CETTE PAGE Un dôme élégant de tulipes ramassées est cerné par un col de feuilles d'aralia presque noires. Cette fois, les fleurs sont disposées à un niveau inférieur, juste au-dessus du bord du vase, pour un effet moderne. Remarquez que toutes les feuilles de tulipe ont été enlevées. Ceci semble bien plus net et implique aussi que les bactéries ne se développeront pas aussi vite.

GROUPE DE VASES DE DIFFERENTES HAUTEURS

J'aime ce style. Il est si épuré et moderne. Au lieu de n'utiliser qu'un seul vase, divisez vos fleurs en groupes en fonction de la variété, de la hauteur ou de la couleur, puis disposez-les dans des vases séparés de formes et hauteurs différentes. Ceci peut vous aider à tirer parti des fleurs dont vous disposez. Ou, si l'on vous a offert un bouquet avec un mélange bizarre de fleurs, c'est une idée pour les dissocier et faire bien mieux fonctionner l'ensemble.

FOURNITURES
4 fleurs d'hydrangea bleu
2 longues tiges de gentiane bleue
Un vase haut et étroit et un plus bas, dans des couleurs identiques ou similaires

1 Otez toutes les feuilles basses des tiges de gentiane et d'hydrangea pour qu'elles pénètrent facilement dans les cols étroits des vases. La suppression du feuillage permettra aussi de garder à distance le pourrissement. Coupez les tiges en biais pour être sûr que les fleurs absorbent beaucoup d'eau. Maintenant, remplissez les deux vases à moitié d'eau.

2 Insérez les gentianes dans le vase plus haut. Leurs longues tiges accentuent sa hauteur et sa finesse.

3 A présent, coupez les tiges des hydrangeas à la bonne longueur. Leurs fleurs charnues et rondes doivent reposer juste sur le bord du vase rond moins haut, de telle façon qu'aucune tige ne soit visible.

CI-CONTRE Déplacez les deux vases dans la maison jusqu'à ce que vous les ayez agencés dans une disposition agréable. J'aime positionner le vase plus petit juste devant le vase plus haut, en le faisant empiéter sur ce dernier pour créer un effet légèrement aléatoire.

4 Maintenant, glissez les tiges d'hydrangea dans le vase plus petit. Utilisez toujours les fleurs plus grosses dans une position plus basse pour équilibrer l'échelle des vases.

CI-DESSUS Deux vases similaires de tailles différentes portent des fleurs de nuances blanches. Les tiges d'amaryllis ont été liées avec de la ficelle juste sous les fleurs. Les anémones ont été assemblées en petit bouquet desserré en forme de dôme qui permet aux fleurs de reposer librement sur le bord du vase plus petit.

CI-CONTRE Le vase plus bas en forme de calebasse contient trois fleurs de chrysanthème lilas vif regroupées dont les tiges ont été coupées assez court pour qu'elles puissent reposer sur le bord du vase. Le grand vase cylindrique porte des branches d'orchidée phalaenopsis qui se courbent sur le vase plus petit, comme pour le protéger, afin d'établir une connexion visuelle.

VASES DE TAILLES VARIEES

Composer des bouquets d'un ou deux types de fleurs seulement dans une sélection de vases de différentes tailles crée de l'impact et un effet décoratif supplémentaire. Ici, les vases « cuve » en verre sucre rose sont en adéquation parfaite avec les pétales à frous-frous des hydrangeas et avec les frêles renoncules. Des contenants larges et bas comme ceux-ci appellent une disposition compacte de fleurs courtes et regroupées en masse.

1

FOURNITURES
20 fleurs d'hydrangea rose
4 petits bouquets de renoncules rose pâle
3 ou 4 vases identiques de tailles différentes

1 Disposez les trois vases sur une surface de travail plane et remplissez-les d'eau jusqu'à un tiers de la hauteur. Commencez maintenant à placer les fleurs dans les vases. Prenez votre premier hydrangea et recoupez la tige à la longueur adéquate (vous devrez faire varier la longueur des tiges d'hydrangea en fonction du vase dans lequel vous les disposerez). Les fleurs doivent reposer juste au-dessus du rebord du vase, sans que les tiges soient visibles.

3

4

2 Continuez à couper les tiges d'hydrangea et à placer les fleurs dans les deux grands vases. Rassemblez les fleurs en bouquets pour un effet massif et généreux.

3 Travaillez d'un côté du vase vers l'autre côté, en ajoutant les hydrangeas un par un. Arrêtez-vous un instant pour contrôler la composition au cours du travail, de façon à être certain que l'effet général et la distribution de couleurs sont plaisants.

4 Une fois que les deux vases plus grands sont terminés, commencez à disposer les renoncules dans le plus petit vase. Coupez les tiges à la longueur appropriée et regroupez les fleurs en les rapprochant bien et en travaillant d'un côté du vase à l'autre.

CETTE PAGE La beauté fulgurante des renoncules composées de très nombreux pétales formant des fleurs luxuriantes est encore plus évidente en gros plan.

CI-CONTRE Les délicates teintes roses des fleurs et la texture fragile de leurs pétales sont mises en relief par le panneau sombre de ce vestibule. L'effet est celui d'une nature morte.

VASE GEANT

Je me souviens de mon grand-père revenant de son lopin de terre avec des bouquets de dahlias multicolores. Ils étaient emballés dans du papier journal humide et étaient remis à ma grand-mère. Il y avait d'autres fleurs également –des pois de senteur, des œillets mignardises au parfum de clou de girofle dans toutes les nuances, du blanc au bordeaux sombre, et des œillets de poète (qui sont en fait de la même famille Dianthus que les œillets mignardises). Ce sont toutes des fleurs de jardin très anglais, mais placez les dahlias dans un vase moderne et tendance et vous changez complètement l'état d'esprit.

FOURNITURES
40-50 tiges de dahlia
15 tiges de feuilles de chêne
rouleau de ruban adhésif de fleuriste
gros vase en forme de pot de fleurs
cellophane (si nécessaire)

1 Remplissez le contenant à moitié d'eau. Si les tiges des fleurs sont plus courtes que la profondeur du vase, froissez de la cellophane et enfoncez-la à l'intérieur du vase pour surélever les tiges. Utilisez du ruban adhésif de fleuriste pour réaliser une grille en haut du vase. Les trous doivent être assez grands pour laisser passer les tiges, mais suffisamment petits pour les maintenir.

2 Otez toutes les feuilles des tiges. A présent, commencez à insérer les tiges de feuilles de chêne sur le pourtour du contenant.

3 Continuez à ajouter des tiges en regroupant les fleurs pour un effet opulent. J'ai infléchi les tiges les plus flexibles de telle façon qu'elles surplombent le bord du vase et que le résultat final ne soit pas trop rigide.

4 Ajoutez les fleurs en groupes de couleurs, juste comme elles pousseraient dans le jardin. Vous constaterez que l'utilisation d'une grille pour soutenir les fleurs facilite bien les choses.

CETTE PAGE Prenez le temps d'apprécier la couleur incroyable et la texture lustrée de ce bouton de dahlia encore bien fermé. Une extraordinaire beauté !

CI-CONTRE La pièce terminée. Une multitude de couleurs modernes et contrastantes juxtaposée à un décor sombre, et pourtant, cela fait si bien son effet.

COMPOSITION DE TABLE

Il y a eu une époque où j'ai banni les œillets et les chrysanthèmes de mon magasin. Oh, l'arrogance de la jeunesse ! En ces temps-là, au début des années 1980, je haïssais les tiges rigides et noueuses des chrysanthèmes. Depuis, j'ai appris que ce ne sont pas les fleurs mais la façon dont vous les utilisez qui compte.

FOURNITURES
50 tiges de tulipe Princesse Irène
40 tiges d'œillet orange
2 sphères en mousse florale
pâte adhésive « Oasis Fix »
2 vases de style bougeoir

1 Immergez les deux sphères de mousse florale dans de l'eau jusqu'à saturation. Utilisez de la pâte adhésive pour les fixer en haut des vases. Enlevez toutes les feuilles des tiges de fleurs et recoupez-les toutes à 5 cm de long environ. En utilisant un type de fleurs, commencez à insérer les fleurs dans la mousse, en travaillant d'un côté de la sphère à l'autre, comme illustré.

2 Tournez la sphère et piquez un autre rang de fleurs de façon que les deux lignes forment une croix. Une fois que vous avez divisé la sphère en quatre parties égales, vous pouvez les recouvrir avec les fleurs restantes.

3 La première sphère terminée, commencez la seconde, en utilisant la seconde variété et en travaillant exactement de la même façon.

4 Continuez à piquer les fleurs jusqu'à ce que vous ayez complètement recouvert la seconde sphère en mousse. Vous avez besoin de fleurs rondes et compactes pour créer cette sorte d'effet. Les gerberas, les dahlias et les roses seraient d'autres bons choix possibles en remplacement des œillets et des tulipes que j'ai utilisés ici. Pensez à arroser la mousse florale tous les jours pour garder les fleurs en bonne condition aussi longtemps que possible.

PAGE 80 Ces boules de fleurs orange feraient sensation sur un bureau de réception ou au centre d'une table de fête.

PAGE 81 La coloration vibrante de la tulipe Princesse Irène en fait l'une de mes préférées.

DES FLEURS POUR LES FETES

CENTRE DE TABLE OVALE

Ceci est un centre de table fleuri traditionnel –le type utilisé pour les dîners et les mariages. J'ai essayé de lui apporter une note un peu glamour en utilisant des éléments intéressants dans des nuances de rose pour donner à ce succès d'hier une nouvelle vitalité.

FOURNITURES
6 tiges de lisianthus roses
2 proteas géants roses
7 proteas plus petits
7 choux d'ornement au cœur rose
10 tiges de feuilles de brodea grises
carré de mousse florale
rouleau de ruban adhésif de fleuriste

1 Fixez le carré de mousse florale sur un plat peu profond à l'aide de ruban adhésif disposé en croix pour que la mousse soit divisée en quatre parties égales. Otez les feuilles des tiges de fleurs et recoupez les extrémités en biais pour qu'elles puissent facilement pénétrer dans la mousse. En commençant sur les côtés du bloc de mousse, enfoncez les tiges de lisianthus au centre de chaque côté, avec un angle légèrement ascendant, de telle façon qu'elles pendent et cachent le plat.

2 Continuez à insérer les fleurs, en utilisant la division en croix comme guide. La distribution et la disposition des fleurs doivent être similaires sur chaque côté. La division facilite le piquage des tiges, car celles-ci ne se heurtent pas à l'intérieur de la mousse.

3 Maintenant, commencez à travailler sur le haut de la composition, en utilisant d'abord des lisianthus. Placez toujours des fleurs plus petites vers les bords de la composition et des fleurs plus grosses et plus pleines vers le centre. Piquez les deux plus gros proteas près du milieu, car ils constituent le point focal. Ensuite, enfoncez les choux d'ornement, en veillant à les distribuer régulièrement.

4 Terminez la composition en remplissant tous les espaces vides avec des bouquets de feuilles de brodea répartis avec régularité.

CETTE PAGE & CI-CONTRE

Remarquez comme la couche inférieure de cette composition descend majestueusement pour s'appuyer juste à la surface de la table. Ceci est important car vous voulez que la base soit complètement dissimulée. Si vous avez une table longue et étroite, vous pouvez vouloir répéter la composition sur sa longueur, par intervalles.

CETTE PAGE & CI-CONTRE Ce centre de table dans des nuances fraîches de vert acide est réalisé en utilisant exactement la même méthode que pour celui de la page précédente, avec une pièce de mousse florale comme base. Si vous utilisez de la mousse florale dans un vase, laissez-la dépasser du bord du vase ou du contenant d'environ 5 cm. Ceci vous permettra d'enfoncer les tiges sur les côtés avec un angle ascendant, pour que les fleurs pendent légèrement et cachent le bord du contenant.

GUIRLANDE FLEURIE

Il y a plusieurs façons de former des guirlandes. Celles qui sont composées avec cette méthode peuvent être posées à plat sur une table, être enroulées autour d'une colonne ou fixées sur le chambranle d'une porte. Comme la guirlande sera hors d'eau, il est essentiel qu'elle soit constituée de fleurs vigoureuses qui ne se faneront pas au cours de la journée.

FOURNITURES
6 fleurs d'hydrangea blanc
6 tiges d'ellébore vert citron
12 tiges de laurier-tin
bobine de ficelle ou fil épais

1 Cette quantité de fleurs devrait permettre de réaliser une guirlande d'1,2 m environ. Coupez un morceau de ficelle à la dimension de la guirlande terminée. Prenez l'extrémité de la bobine de ficelle et utilisez-la pour attacher un bouquet de feuilles d'ellébores à la première longueur de ficelle. A la base des feuilles, ajoutez une fleur d'hydrangea ou un brin d'ellébore, en veillant à ce qu'elle ou il couvre les tiges des feuilles. Nouez avec la ficelle.

2 Continuez à lier les fleurs et les feuilles à la pièce de ficelle principale. Positionnez chaque nouvel élément juste en dessous du dernier ajout pour dissimuler les tiges.

3 Au fur et à mesure que vous ajoutez des fleurs et des feuilles, assurez-vous que vous fixez solidement chaque nouvelle pièce à la dernière tige, de telle façon que les tiges reliées forment la longue colonne vertébrale de la guirlande.

4 Lorsque vous atteignez la fin de la ficelle, retournez les fleurs et ajoutez des éléments pour cacher l'extrémité des tiges. Faites un nœud et coupez la ficelle. Disposez la guirlande dans la longueur de la table. Il est important de recouvrir toute surface qui risque d'être endommagée par l'humidité de la guirlande. Et, si vous la suspendez autour d'une porte ou d'une colonne, assurez-vous préalablement que les propriétaires des lieux autorisent les clous ou les vis !

CETTE PAGE Les guirlandes sont une approche inédite des compositions florales de table –je trouve qu'elles sont merveilleuses lorsqu'elles serpentent le long d'une table et s'enlacent entre les couverts, les verres et les bougies. Cette guirlande d'hydrangea un peu « décoiffée » a un charme rétro qui la rend parfaite pour décorer la table à l'heure du thé. Pour un effet plus contemporain, vous pourriez opter pour une guirlande d'arums blancs en forme de trompette et de feuilles de camélias vernissées avec des bougeoirs en verre dépoli et des verres hauts et fins.

CETTE PAGE & CI-CONTRE

Une autre guirlande : celle-ci dégage une atmosphère virginale toute hivernale et est associée à une couronne coordonnée suspendue au mur derrière elle. Toutes deux ont été façonnées à partir de feuilles d'eucalyptus vert argenté ornées de symphorines glacées et de leurs feuilles, ainsi que de pommes préalablement plongées dans de la peinture blanche. Pour continuer le thème, j'ai utilisé des pommes supplémentaires pour confectionner des bougeoirs amusants.

CETTE PAGE Une guirlande luxuriante de lierre portant des baies serpente le long d'une rampe d'escalier. Elle a été fixée en place avec des longueurs de ficelle cachées entre les feuilles. Une couronne assortie a été élaborée sur un cadre carré. Les glands très ornés et gigantesques ajoutent un autre élément ornemental au décor.

CI-CONTRE Cette guirlande simple de pin Douglas d'inspiration Shaker est tendue autour de la cheminée. Elle est composée de deux guirlandes séparées fixées l'une à l'autre au centre du plateau de la cheminée. Une longueur de corde légère ornée de glands recouvre la jonction. Pour créer le petit cœur suspendu, j'ai façonné une forme de cœur dans une longueur de fil de fer de fleuriste épais puis j'ai fixé de petits plumets de pin avec du fil de fer fin argenté.

CABINET MAKING FOR THE AMATEUR
IN YOUR GARDEN

COMPOSITION TRADITIONNELLE SUR PIEDESTAL

Une composition florale sur piédestal ou colonne peut être difficile. Tout est question de forme et d'équilibre. De trop nombreuses fleurs s'étendant dans une seule direction et toute la composition est susceptible de basculer et de tomber. Pas idéal au beau milieu d'une cérémonie de mariage ! Elles peuvent aussi paraître démodées, un contenant et un socle plus audacieux feront toute la différence.

FOURNITURES
7 tiges de feuilles de dracaena
8 tiges de glaïeul
3 tiges de leucodendron
9 tiges de feuilles de cordyline
8 tiges de baies de poivrier
15 tiges de grosse rose rouge
15 rameaux de petites roses rouges
10 tiges de baies d'ilex
10 tiges d'œillet rouge
2 artichauts
grands blocs de mousse florale (assez pour remplir le contenant)
rouleau de ruban adhésif de fleuriste
urne ou contenant similaire

1 Immergez la mousse florale dans de l'eau jusqu'à saturation. Placez-la dans le contenant et fixez-la avec du ruban adhésif. Lorsque vous travaillez avec beaucoup de fleurs, vous avez besoin de beaucoup de mousse –notez qu'elle s'élève au-dessus du bord du contenant sur 20 cm environ. Commencez à piquer les tiges de glaïeul au centre de la mousse. Maintenant, enfoncez les feuilles de dracaena dans la mousse sur l'un des côtés du contenant et les leucodendrons sur l'autre. Positionnez les tiges avec un angle légèrement descendant pour qu'elles recouvrent le haut du contenant.

2 A présent, ajoutez un petit bouquet de petites roses à la base de la composition et autour des grandes tiges de glaïeul du dessus.

3 Insérez des branches de baies d'ilex de telle façon qu'elles penchent un peu en arrière. Leur poids contribuera à équilibrer celui des fleurs et le contenant.

4

5

6

4 Maintenant, remplissez le contour triangulaire de la composition en utilisant les grandes feuilles de cordyline. Gardez les côtés droits et pas trop arrondis. La composition étant destinée à être placée dans un angle ou une alcôve ou encore contre un mur, cela ne sert à rien de la faire en ronde-bosse. Elle doit ressembler à une composition toute ronde depuis le devant et les côtés mais avec un tiers manquant à l'arrière. Recherchez un effet relâché, un peu hasardeux plutôt qu'une composition très nette et symétrique.

5 J'aime garder les différentes fleurs, comme ces artichauts, groupés. Avec une grande composition comme celle-ci, vous constaterez que cela crée plus d'impact. Placez les artichauts au centre de la composition pour qu'ils forment le point focal. Ils doivent constituer la partie la plus proéminente de l'assemblage, avec le reste des fleurs légèrement en retrait par rapport à ce point.

6 Remplissez maintenant les espaces vides avec les baies de poivrier, les roses et les œillets jusqu'à ce que toute la mousse soit cachée et que l'effet global soit plaisant. La composition finale sera lourde, faites donc attention lorsque vous la porterez à sa place définitive.

CI-CONTRE Il est tellement important de maîtriser la technique d'élaboration d'une bonne composition florale sur piédestal. Obtenir l'équilibre et la structure adéquats est capital pour un résultat final spectaculaire et efficace. De plus, les éléments doivent être choisis avec soin. Il est essentiel d'avoir un mélange de fleurs de formes et de tailles différentes, en attirant l'attention sur des fleurs plus grandes vers le centre.

3006

COMPOSITION MODERNE SUR PIEDESTAL

Voici une version revisitée de la composition sur socle classique. C'est une pièce structurée et audacieuse qui nécessite un grand nombre de grosses fleurs. Ici, j'ai opté pour une combinaison de couleurs jaune soleil, mais la composition fonctionnerait tout aussi bien dans des nuances plus douces.

FOURNITURES
30 choux d'ornement
50 tiges de tournesol
40 tiges de chrysanthème
grand bloc de mousse florale

1 Immergez le bloc de mousse florale dans un grand évier (il deviendra très lourd, attention donc lorsque vous le déplacerez). Otez toutes les feuilles des tiges de fleurs puis recoupez ces dernières à 3-5 cm. Coupez les extrémités en biais pour qu'elles pénètrent facilement dans la mousse. Maintenant, en commençant en bas, enfoncez les fleurs dans la mousse. Regroupez bien les fleurs pour que la mousse ne transparaisse pas.

2 Continuez à ajouter des fleurs, en travaillant vers le haut et en recouvrant le devant et les côtés. Le dos de la mousse n'a besoin d'être couvert de fleurs que si la pièce doit être vue de tous les côtés.

3 Recouvrez progressivement le devant du bloc de fleurs puis commencez à recouvrir le haut et les côtés du bloc de mousse florale. Regroupez bien les fleurs mais sans perdre les bords droits du bloc.

4 Une fois que le bloc est entièrement recouvert de fleurs et que vous êtes satisfait de l'effet final, placez la composition sur son piédestal. La mousse florale contiendra beaucoup d'eau, il est donc conseillé, dans la mesure du possible, de mouiller le bloc la veille du montage et de le laisser s'égoutter une nuit. Ceci réduira au minimum le risque de voir l'eau s'écouler doucement de la composition, ce qui pourrait causer des dégâts sur les lieux mêmes de la fête.

CETTE PAGE & CI-CONTRE Ce bloc de fleurs est positionné sur une colonne carrée de dimensions rigoureusement identiques. Dans un espace plus grand, un piédestal plus haut pourrait être utilisé pour un effet spectaculaire. Des blocs de fleurs pourraient également être réalisés dans trois différentes tailles puis groupés pour encore plus d'impact mais ceci requerrait un budget élevé du fait du grand nombre de fleurs nécessaire.

COURONNE DE SAISON

Bien qu'elles soient souvent associées aux funérailles, les couronnes sont en fait un symbole d'éternité du fait de leur forme circulaire et l'absence de début et de fin. De la même façon que nous décorons nos maisons à Noël, la couronne de printemps ici est destinée à célébrer le changement des saisons.

FOURNITURES

1 pot de bulbes de muscari
1 pot de primevères
10-12 feuilles de lierre
1 support en fil de fer en forme de couronne
mousse de sphaigne pour le support et mousse hypne cyprès pour le recouvrir
bobine de fil de fer
fil de fer de fleuriste (calibre 71 et 90)
rouleau de ruban adhésif de fleuriste
photophore en verre

1 Attachez une extrémité de la bobine de fil de fer au support en forme de couronne et commencez à fixer la mousse de sphaigne. Formez des boudins de mousse puis disposez-les sur la couronne jusqu'à ce que vous ayez obtenu la forme de couronne désirée et entièrement recouvert le fil de fer du support. Au cours du travail, fixez la mousse de sphaigne en place à l'aide du fil de fer en bobine.

2 En utilisant des longueurs de fil de fer de calibre 71 pliées en deux en forme d'épingles à cheveux, épinglez l'hypne cyprès par-dessus la sphaigne pour créer une base verte veloutée. Laissez trois petits espaces nus sur la couronne –c'est là que vous fixerez les fleurs.

3 Débarrassez les bulbes de muscari de leur terre, en gardant les racines intactes. Placez les bulbes sur deux des espaces de mousse brune et piquez les « épingles à cheveux » dans les tiges pour les maintenir en place.

4 En utilisant un fil de fer plus lourd –j'ai utilisé le fil de calibre 90– formez deux ou trois épingles plus longues. Fixez-les solidement en bas du photophore avec du ruban adhésif. Maintenant, ôtez avec précaution les primevères de leur pot en plastique et glissez délicatement les racines dans le contenant en verre.

5 Enfoncez profondément les épingles en fil de fer du photophore dans la mousse sur le dernier espace réservé pour que le verre tienne fermement à la couronne. Utilisez des épingles supplémentaires pour le fixer si nécessaire.

6 Enfin, utilisez les grandes feuilles de lierre vernissées pour recouvrir tout espace vide ou toute zone de sphaigne apparente. Superposez les feuilles de lierre de telle façon qu'elles apparaissent juste comme vous les verriez pousser sur la plante.

CI-CONTRE La composition de couronnes donne beaucoup de satisfaction, qu'il s'agisse d'un modèle traditionnel de Noël à feuilles persistantes, ou d'une variation sur un thème saisonnier, comme cette couronne printanière. Elles forment aussi des témoignages appropriés d'estime et de respect lors de funérailles. La couronne est un symbole d'éternité qui convient à presque toutes les occasions.

CETTE PAGE & CI-CONTRE Cette couronne flamboyante et spectaculaire célèbre le début de l'automne. Le chrysanthème de la même couleur que la mélasse s'appelle « Tom Pearce » et ici, il est groupé à côté de feuilles de magnolia, aux revers semblables à du daim, et de baies rouges de cotoneaster. La couronne a été réalisée sur une base en mousse florale. J'ai enfoncé les tiges de fleurs et de feuilles avant de la suspendre à des bois au-dessus de ce vieux fauteuil en cuir délabré. La petite citrouille orange a été fixée en enfonçant une baguette robuste dans la chair du légume. J'ai coupé l'autre extrémité de la baguette en pointe puis je l'ai piquée dans la base en mousse dans un mouvement descendant pour la fixer solidement.

CI-CONTRE Utiliser un seul élément en grandes quantités peut créer beaucoup d'impact tout en n'exigeant que très peu d'efforts. Cette pièce a été décorée avec des baies écarlates et brillantes d'ilex (houx). J'ai placé de petits blocs de mousse florale dans les deux petits vases en argent. La mousse a été coupée pour arriver juste sous le bord du contenant, puis j'ai coupé des brins dans une branche de baies d'ilex et je les ai enfoncés fermement dans la mousse pour les maintenir en place.

CI-DESSUS La couronne a été confectionnée sur une base en mousse florale. Si elle est immergée dans de l'eau, puis arrosée tous les deux jours, la mousse retiendra suffisamment d'humidité pour hydrater les baies des semaines durant. Les baies d'ilex sont chères mais ce qu'il y a de bien avec elles, c'est leur longue durée de vie – si on les hydrate et les place dans un environnement froid, elles peuvent rester rebondies et en pleine santé pendant un mois. La saison des baies est courte : de novembre à fin décembre.

BOUQUET DE MARIEE CLASSIQUE LIE A LA MAIN

Il y a trois techniques lorsqu'il s'agit de créer des bouquets de mariée : lier les fleurs pour former un bouquet, les monter sur un fil de fer ou couper les tiges court et utiliser un support en mousse florale. Ces dernières années, le bouquet lié à la main est devenu le choix le plus populaire. Il présente plusieurs avantages : vous pouvez utiliser des fleurs délicates qui ne conviendraient pas à toute autre technique simplement parce que, avec les tiges encore intactes, vous pouvez le glisser dans de l'eau tout au long de la journée pour les rafraîchir. La réalisation de bouquets liés à la main prend moins de temps que les bouquets confectionnés avec du fil de fer, qui sont une tâche qui demande du temps et de l'application, faisant d'eux l'option la plus onéreuse.

FOURNITURES
8 tiges de rose Blizzard
12 tiges de camélias blancs avec des fleurs, des boutons et des feuilles
bobine de ficelle
ruban
épingles à tête nacrée

1 Ce bouquet est réalisé avec la même technique que le bouquet lié à la main pages 22-25. Commencez par attacher la ficelle à la fleur centrale, dans ce cas une grosse rose Blizzard. En tournant le bouquet dans le sens inverse des aiguilles d'une montre, ajoutez des fleurs pour former un cercle de fleurs autour de la fleur centrale.

2 Formez un second cercle de fleurs autour du premier, en alternant les camélias et les roses. Gardez le même point de ligature. Lorsque vous ajoutez des fleurs, laissez-les s'évaser un peu pour créer un effet de dôme. Nouez la ficelle et égalisez les tiges.

3 Pour couvrir les tiges, nouez le ruban au point de ligature, juste en dessous des fleurs. Laissez approximativement 30 cm de ruban pendre. Prenez l'autre extrémité du ruban et commencez à l'enrouler autour des tiges, en le tendant autant que vous le pouvez. Une fois le bas atteint, commencez à enrouler le ruban vers le haut, tout comme si vous appliquiez un bandage. Lorsque vous êtes arrivé à nouveau au point de ligature, nouez le ruban puis formez de belles boucles. Recoupez les extrémités du ruban à la longueur requise.

4 Une fois les boucles de ruban en place, prenez une poignée d'épingles à tête nacrée et commencez à les piquer soigneusement dans la poignée du bouquet à intervalles réguliers, tous les 2 cm environ.

CI-CONTRE Pour dissimuler les tiges, j'ai utilisé un ruban pêche délavé qui est joliment coordonné à la robe. Les couleurs ont un esprit vintage : les fleurs fragiles des camélias crème, la teinte vanillée des roses et l'éclat de la tête nacrée des épingles. Les feuilles de camélias sont robustes et durent longtemps, elles peuvent donc être incorporées à n'importe quel bouquet.

MONTER DES FLEURS ET DES FEUILLES SUR FIL DE FER

Monter des fleurs sur fil de fer demande beaucoup de patience et une attention soutenue. Le fil de fer remplace les tiges encombrantes des fleurs, vous permettant ainsi de façonner une fleur ou une feuille dans la forme désirée et, plus important, en allégeant grandement le bouquet. L'épaisseur du fil de fer dépend du poids de la fleur, mais en général utilisez le fil de fer le plus fin possible – il doit être juste assez fort pour soutenir la fleur sans s'affaisser.

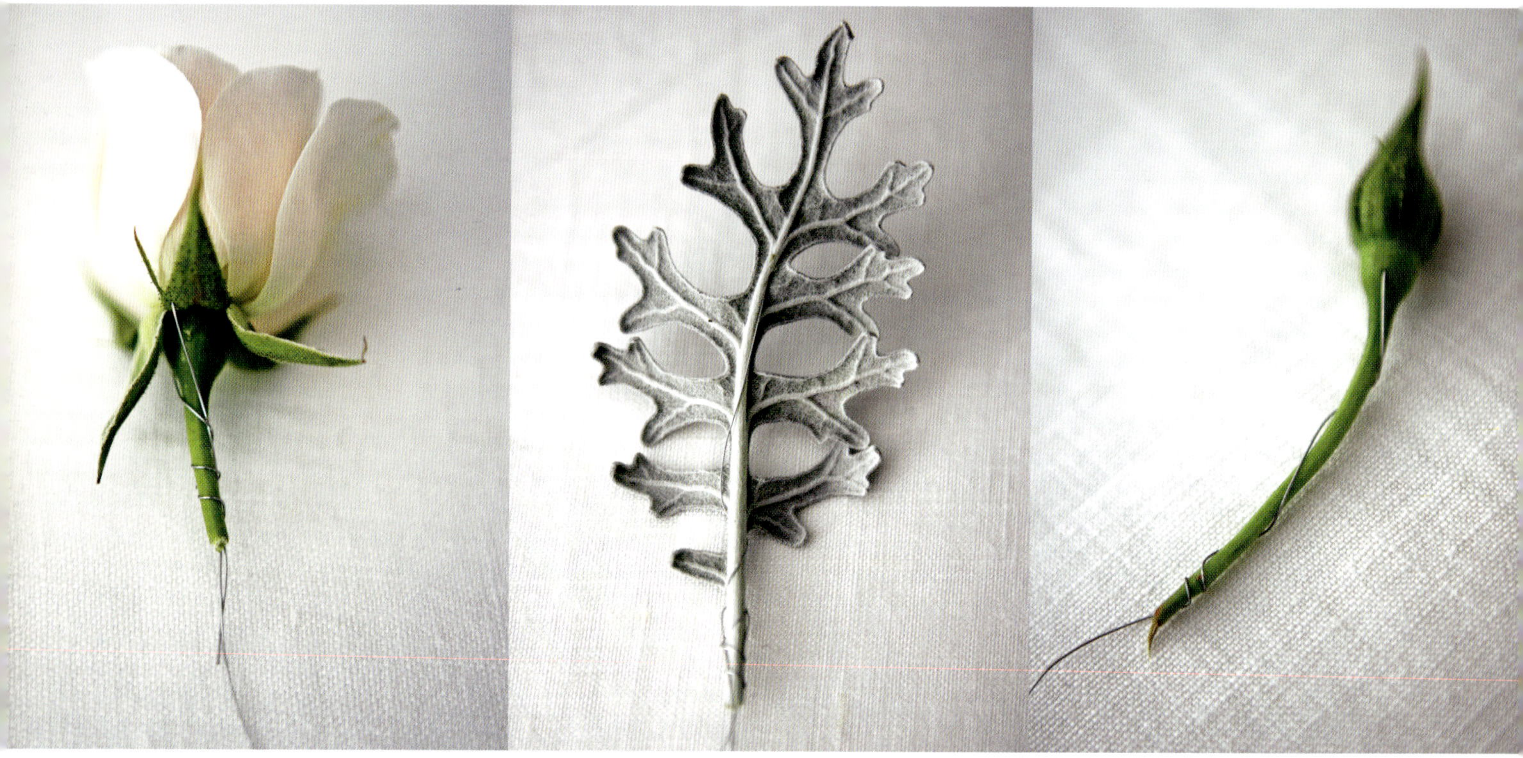

LES ROSES

Si la rose est une variété qui s'ouvre rapidement, vous pouvez vouloir l'encourager à rester fermée. Enfoncez un fil de fer dans la fleur et rabattez les deux extrémités vers le bas pour qu'elles soient parallèles à la tige. Enroulez une extrémité du fil de fer autour de l'autre et autour de la tige pour soutenir la fleur. Recoupez ensuite le fil de fer et recouvrez-le de ruban adhésif de fleuriste pour finir.

LES FEUILLES

Pour monter une feuille sur fil de fer, retournez-la, endroit vers le bas, et faites un petit « point » dans la nervure centrale à un tiers de la hauteur en partant de la pointe. Courbez les extrémités de fil de fer vers le bas, en formant une boucle qui soutiendra la feuille puis torsadez les extrémités autour de la tige. Avec cette feuille découpée, j'ai enfoncé un fil de fer dans la nervure principale à un tiers de la hauteur en partant de la pointe.

LES BOUTONS

Pour soutenir un petit bouton, utilisez un fil de fer fin de calibre 32 argenté. Enfoncez une de ses extrémités dans le calice (juste sous les pétales ou le bouton) puis entortillez-la autour de la tige. Lorsque vous avez atteint le bas de la tige, ajoutez un autre fil de fer plus fort puis couvrez les fils de ruban adhésif.

J'ai vu tant de bouquets affreux qui étaient surchargés de fil de fer et qui, en conséquence, étaient aussi solides que du roc et rigides comme des planches, avec des poignées énormes et lourdes composées de fil de fer trapu. En résulte un bouquet sans mouvement et, à mon avis, sans charme. La mariée finit par porter ce poids pesant partout comme un bouclier au lieu de tenir un bouquet de mariée qui est un assemblage délicat de fleurs, de boutons et de feuillage d'aspect naturel.

LES FLEURS PLUS GRANDES

Une fleur lourde, comme une orchidée cymbidium, nécessite un fil de fer de soutien plus fort – disons de calibre 71. Enfoncez une longueur de fil de fer dans le petit tronçon de tige conservé à la base de la fleur. Pour maintenir la fleur en place, utilisez un fil de fer argenté plus fin de calibre 32 inséré dans la base de la fleur. Couvrez de ruban adhésif pour terminer.

LE MUGUET

Quelque chose d'aussi délicat qu'une tige de muguet requiert un fil de fer ultra-fin enroulé avec précaution autour de la tige et entrelacé autour de chaque clochette. A la base de la tige, ajoutez ce que l'on appelle un « cavalier » pour un soutien renforcé. Pour terminer, recouvrez tout le fil de fer de ruban adhésif.

LES CAMELIAS

J'ai consolidé la tige de ce camélia avec un cavalier que j'ai réalisé avec un fil de fer plus lourd pour un soutien renforcé. Utilisez un fil de fer de poids moyen de calibre 56 ou 71, pliez-le en deux et enroulez une extrémité autour de la tige de la fleur et de l'autre extrémité. Recoupez les extrémités et recouvrez de ruban adhésif de fleuriste pour terminer.

BOUQUET DE MARIEE CLASSIQUE MONTE SUR FIL DE FER

Assembler un bouquet monté sur fil de fer est une tâche qui nécessite une incroyable habileté et beaucoup de patience. Chaque fleur, feuille, bouton et fleuron doit être percé et monté sur fil de fer avec soin et application. Les tiges des plantes sont enlevées et remplacées par du fil de fer, de telle sorte que les fleurs puissent être reconstruites dans la forme requise. Ceci contribue à composer un bouquet élaboré qui reste léger et qui ne comporte pas de tige épaisse ni trapue.

FOURNITURES
3 tiges de jacinthe, divisée en fleurons
15 tiges de rose
3 tiges de viburnum
2 tiges d'ellébore
3 m de ruban
fil de fer de fleuriste (bobine de fil de fer de calibre 32, paquets de tiges en fil de fer argent de calibre 32 et en fil de fer plus lourd de calibre 71 ou 90)
rouleau de ruban adhésif de fleuriste

1 Commencez par séparer délicatement tous les fleurons des jacinthes. Maintenant, commencez à les enfiler sur du fil de fer pour former les traînes du bouquet. Coupez une longueur de fil de fer fin de calibre 32 en bobine, courbez une extrémité pour former un petit nœud et commencez à enfiler les clochettes de jacinthe. Enfilez entre 12 et 15 fleurons en brins puis montez les trois brins ensemble à l'aide d'un cavalier réalisé avec le fil de fer de calibre 71. Recouvrez les extrémités de ruban adhésif.

2 Montez les fleurs restantes sur fil de fer. Commencez avec les fleurs les plus fortes et laissez les plus fragiles pour les traiter en dernier. Prenez chaque rose et coupez la tige juste sous la fleur. Insérez un fil de fer de calibre 71 dans le tronçon de tige restant, puis enfoncez un fil de fer fin argent dans la fleur. Entortillez les fils de fer sous la fleur autour de la petite tige. Essayez de ne pas prendre les sépales (les petites feuilles qui entourent la fleur).

3 Montez les ellébores et le viburnum en coupant les tiges court et en enfonçant le fil de fer fin dans ce qu'il reste de tige. En utilisant le fil de fer fin de calibre 32, procédez de même pour les fleurons de jacinthe restants.

4 Prenez une grosse rose comme fleur centrale. A l'aide de ruban adhésif, fixez deux fleurs d'ellébore sur la tige en fil de fer d'une rose puis ajoutez un bouquet de jacinthes. Tournez la rose et ajoutez une pièce de viburnum. Le premier cercle est terminé.

5 Continuez à fixer des fleurs à l'aide du ruban adhésif. Veillez à bien tendre ce dernier au cours du travail –vous constaterez qu'il maintiendra les fils de fer bien plus facilement.

6 Ajoutez une pièce montée sur tige de fil de fer après l'autre jusqu'à ce que les fleurs aient toutes été utilisées. Courbez les fils de fer pour qu'ils soient légèrement inclinés vers l'extérieur lorsque vous scotchez les fleurs. Elles doivent atteindre un angle de 45° à la fin, comme illustré.

CI-CONTRE J'ai utilisé un ruban rose vif contrastant et inattendu pour faire un clin d'œil à la mode. Le bouquet est assez traditionnel dans ses pastels tendres et discrets mais le ruban donne une touche colorée et moderne –un peu comme l'on ajoute des graines de grenade à une salade verte !

7 Recoupez les fils de fer et affinez la poignée. Maintenant, ajoutez les traînes de jacinthe. Laissez un fil de fer d'environ 1 cm plus long que les autres. Assurez-vous que les extrémités des fils de fer sont recoupées et nettes, sans qu'il ne reste de pointe. Recouvrez la poignée de ruban adhésif en aller-retour pour être certain qu'elle est parfaitement lisse. Ceci vous permettra de fixer le ruban sans qu'il ne glisse.

8 Laissez approximativement 25 cm de ruban libre avant de le mettre en place. Commencez par entortiller le ruban autour de la poignée de haut en bas. Une fois en bas, vous pouvez recourber le fil de fer plus long vers l'arrière pour maintenir le ruban en place. Continuez à enrouler le ruban vers le haut et nouez les deux pièces de ruban, faites un nœud puis recoupez les extrémités.

CETTE PAGE & CI-CONTRE Ce bouquet de mariée monté sur tige de fil de fer comprend l'une de mes roses préférées –la romanesque Majolica blanche. Ici, elle est combinée avec de délectables hydrangeas colorés d'un soupçon de rose, d'orchidées à gorge rose framboise et de muguet au parfum hypnotique.

COURONNE MONTEE SUR FIL DE FER

Ces couronnes étaient à l'origine portées comme symboles d'éternité. Dans les mariages grecs, elles sont composées de fleurs d'oranger, emblèmes de fertilité. Pour mon propre mariage, je portais une couronne de roses du jardin, d'amaranthus bordeaux (amarantes queue-de-renard) et de petites grappes de raisins bordeaux. Cet anneau était inspiré du Songe d'une nuit d'été et je l'ai adoré !

FOURNITURES
7 tiges de gardénia
1 cyclamen en pot
2 rameaux de petites roses blanches
rouleau de ruban adhésif de fleuriste
Fil de fer de fleuriste (fil de fer fin argent de calibre 32, et fil de fer de poids moyen de calibre 56 ou 71)

1 Tout d'abord, montez les feuilles de gardénia et de cyclamen sur fil de fer. En utilisant le fil de fer fin argent de calibre 32, faites un « point » dans la nervure centrale au dos de la feuille, à environ un tiers de la hauteur de la feuille à partir de la pointe. Courbez le fil de fer pour former une boucle au dos de la feuille afin de la soutenir. Enfoncez du fil de fer fin dans les tiges de cyclamen pour les consolider. Maintenant, montez les fleurs sur fil de fer. Utilisez le fil de fer de calibre 56 ou 71 pour les roses et les gardénias. Coupez les tiges juste en dessous des fleurs et enfoncez le fil de fer dans le calice, en le torsadant deux fois à la base des fleurs. Ajoutez à présent un cavalier (voir page 119) à la base de la tige pour la prolonger et lui donner un renfort supplémentaire.

2 Coupez le ruban adhésif en deux dans la longueur pour qu'il soit vraiment étroit. Recouvrez tous les fils nus de ruban adhésif, en tendant bien ce dernier autour des fils de fer et en le tirant pour qu'il soit aussi fin que possible.

3 Coupez une pièce de fil de fer pour la base de la couronne. J'utiliserais un fil de fer solide de calibre 71 ou même j'enroulerais deux fils ensemble pour un soutien renforcé. Mesurez la tête de la mariée et ajoutez à cette dimension 2 cm supplémentaires à chaque extrémité pour les crochets qui permettront de fermer la couronne. Coupez les fils de fer à la longueur adéquate et recouvrez-les de ruban adhésif. Maintenant, commencez à fixer les éléments à l'aide de ruban adhésif. Lorsque vous ajoutez des feuilles ou des fleurs, alternez-les de chaque côté du fil de fer. Ceci paraîtra plus naturel et implique que, lorsque le fil de fer sera mis en forme, il n'y aura pas de trous entre les éléments.

4 Travaillez ainsi le long du fil de fer, en insérant les éléments sur tige et en pensant à alterner les fleurs et le feuillage au fur et à mesure.

5 Votre assemblage doit être propre et net, avec chaque feuille ou fleur « poussant » à l'opposé de la nervure centrale, imitant la croissance naturelle des plantes comme le lierre.

6 Enfin, courbez le fil de fer pour former un crochet net aux deux extrémités de la couronne, qui permettra de les réunir. Maintenant, infléchissez doucement le petit cercle pour lui donner une forme circulaire et le voilà prêt à être porté.

CETTE PAGE & CI-CONTRE
Les fleurs de gardénia s'abîment facilement et requièrent d'être manipulées avec précaution. Leur fragrance est phénoménale – envoûtante, elle est un élément clé de nombreux parfums du commerce. Le gardénia était la fleur de signature de Billie Holiday, la célèbre chanteuse de Blues.

DIFFUSEUR DE PARFUM DE LA DEMOISELLE D'HONNEUR

Ce diffuseur de parfum est somptueux pour les demoiselles d'honneur mais il est également sensationnel quand il est porté par la mariée. Il ne doit pas forcément être suspendu avec un ruban –essayez de le remplacer par des brins de lys d'herbe tressés, de la dentelle ou même des chaînettes argent ou or ornées de charms. Avec un peu de réflexion et d'imagination, vous pouvez faire à travers vos fleurs de mariage une formulation très personnelle.

FOURNITURES
15 tiges de rose Boyfriend
8 rameaux de petites roses Majolica
3 petites plantes de cineraria
ruban (environ 90 cm)
sphère en mousse florale
fil de fer de fleuriste (calibre 71)
rouleau de ruban adhésif de
fleuriste

1 Pour confectionner le ruban de préhension du diffuseur de parfum, pliez la longueur de ruban en deux puis rabattez chaque extrémité vers l'arrière sur environ 10 cm. Prenez une pièce de fil de fer fort et courbez-la autour de l'extrémité du ruban en serrant bien, comme illustré. Maintenant, utilisez du ruban adhésif pour fixer fermement le ruban et le fil de fer l'un à l'autre. Pendant ce temps, faites tremper la sphère en mousse florale dans de l'eau jusqu'à saturation puis laissez-la s'égoutter pendant deux heures pour que tout excédent d'eau s'écoule.

2 Prenez la sphère en mousse florale et enfoncez le fil de fer en son centre. Repliez toute extrémité pointue et enfouissez-la dans la mousse.

3 Commencez à piquer les fleurs. Otez toutes les feuilles des tiges puis coupez les fleurs en conservant une tige d'environ 3 cm. Coupez les extrémités des tiges en biais pour qu'elles puissent facilement percer la mousse.

4 Groupez les différentes variétés de rose en bouquets de trois ou quatre fleurs pour obtenir un effet naturel et libre. Les tiges des feuilles de cineraria peuvent parfois être assez molles et si vous avez du mal à les enfoncer dans la mousse, il se peut que vous deviez renforcer la base de la tige comme expliqué page 118, en utilisant un fil de fer fin argent de calibre 32-34.

5 Recouvrez progressivement la sphère en mousse de fleurs et de feuilles jusqu'à ce que la surface soit complètement recouverte. Utilisez le cineraria pour remplir tous les espaces vides éventuels. Comme avec les bouquets de mariée, ce diffuseur de senteur doit être transporté dans une boîte capitonnée d'une multitude de papier de soie pour arriver à destination en parfaite condition.

CI-CONTRE Si joli et délicat, ce diffuseur de senteur est parfait pour les petites demoiselles d'honneur. Assurez-vous que la sphère de fleurs est fermement fixée au ruban, car les petites filles ont tendance à les balancer et personne ne veut que ces accessoires roulent dans l'allée centrale !

CI-DESSUS Un petit bouquet de roses lilas, de cinerarias aux feuilles argentées et de pensées violettes –une charmante sélection pour décorer un gâteau ou pour une très jeune demoiselle d'honneur. Les fleurs n'ont pas été montées sur fil de fer mais liées, rendant l'assemblage très simple. J'ai utilisé des roses lilas Boyfriend de façon répétée pour les fleurs de la mariée. Ceci démontre comment un thème ou une combinaison de couleurs peut être repris du début à la fin ; cela fonctionne très bien dès lors qu'on agit avec conviction.

CI-CONTRE Une fillette mignonne à croquer se prépare pour le grand événement. Des freesias parfumés, des muscaris délicats, des anémones et des jacinthes épanouies violet foncé sont regroupés en bouquet. Les tiges ont été coupées à une longueur qui lui permet de les tenir facilement. Un « quelque chose de bleu » parfait pour la cérémonie !

DECORATION DE CHAISE EN CŒUR PERLE

L'orchidée cymbidium est une fleur parfaite pour un mariage, non seulement de par sa beauté sans défaut et son parfum délicat mais aussi de par sa robustesse naturelle. Les pétales charnus conservent bien l'humidité, faisant d'elles de parfaites candidates pour une longue journée sans eau.

FOURNITURES
3 tiges de feuilles de jasmin
2 orchidées cymbidium
petit bloc de mousse florale
film alimentaire transparent
fil de fer de fleuriste (calibre 71)
rouleau de ruban adhésif de fleuriste
coussin perlé en forme de cœur avec un ruban de suspension

1 Coupez un petit cube de mousse florale d'environ 10 x 10 cm. Immergez-le dans de l'eau jusqu'à saturation. Laissez-le s'égoutter puis enveloppez-le dans un carré de film transparent. Recouvrez deux tiges de fil de fer de calibre 71 de 30 cm de long de ruban adhésif de fleuriste. Enfoncez-les au centre du cube de mousse à angles droits pour former une croix.

2 Prenez les tiges de feuilles de jasmin et enfoncez-les dans la mousse au-dessus du fil de fer.

3 Piquez les deux fleurs d'orchidée dans la mousse, en les plaçant bout à bout de telle façon qu'elles couvrent la mousse florale. Ajoutez plus de feuilles de jasmin si nécessaire.

4 Courbez les fils de fer autour du ruban du cœur pour que les fleurs soient positionnées sous le ruban, en haut du cœur. Maintenant, passez la boucle de ruban sur le dossier des chaises des mariés.

CETTE PAGE Arrêtez-vous un instant et délectez-vous de la beauté de cette fleur exquise, l'orchidée cymbidium.

CI-CONTRE Simple et facile à assembler, cette magnifique décoration de chaise très romantique produit pourtant beaucoup d'effet.

BOUTONNIERE TRADITIONNELLE

La rose blanche en boutonnière classique a une belle simplicité. Associée à un costume à queue de pie, elle ne nécessite aucun embellissement supplémentaire. Ce n'est plus une règle stricte de porter une boutonnière blanche lors d'un mariage : les gens choisissent aujourd'hui une variété de fleur dans de nombreuses couleurs différentes. Tout est fonction du style du mariage et de la personnalité du marié.

FOURNITURES
1 tige de grosse rose blanche
3 feuilles de camélia
rouleau de ruban adhésif de fleuriste
fil de fer de fleuriste (fil de fer fin argent de calibre 32 et fil de fer de calibre 56 ou 71)

1 Préparez trois feuilles par boutonnière. En utilisant le fil de fer de calibre 32, faites un petit point au dos de la feuille, en enfonçant le fil de fer sous la nervure à un tiers de la hauteur de la feuille en partant de la pointe. Courbez le fil de fer vers le bas de la feuille et entourez une extrémité autour de la seconde et autour de la tige. Pliez un autre fil de fer en deux et utilisez-le pour prolonger la tige en fil de fer.

2 Couvrez les fils de fer de ruban adhésif de fleuriste.

3 Prenez la rose et coupez la tige juste en dessous de la fleur.

4 Insérez l'extrémité d'un fil de fer de calibre 56 ou 71 dans le reste de tige. Enfoncez ensuite un fil de fer de calibre 56 dans la fleur, juste au-dessus du calice. Rabattez les deux extrémités du fil pour qu'elles soient parallèles à la tige.

5 Ajoutez la première feuille de camélia à la rose et enveloppez tous les fils de fer de ruban adhésif de fleuriste.

6 Ajoutez les feuilles restantes à la rose, en les espaçant régulièrement. Couvrez tout fil de fer encore visible de ruban adhésif de fleuriste et recoupez les extrémités au sécateur.

R.S.V.P.

CETTE PAGE & CI-CONTRE
Dans un passé pas si éloigné, tout gentleman aspirant à avoir un certain style arborait une boutonnière délicate sur son revers. Que c'est triste d'avoir perdu cette tradition ! Aujourd'hui, elle est principalement réservée aux mariages, où il est habituel pour le jeune marié et les autres membres masculins de la cérémonie de porter une boutonnière sur le revers de leur costume.

BOUQUET DE FLEURS EN BROCHE

J'aime composer ces bouquets de fleurs à épingler sur les corsages –ils sont rapides à assembler tout en procurant beaucoup de satisfaction artistique. Ces boutonnières féminines sont montées sur fil de fer afin d'être allégées et éviter qu'elles ne tirent sur les tissus délicats. Assurez-vous que la taille du bouquet est appropriée à la personne qui le portera –être rapetissée par un bouquet énorme est plus comique qu'élégant ! Les bouquets plus volumineux comme celui-ci peuvent être épinglés sur un sac plutôt que sur un vêtement.

FOURNITURES
1 grosse rose centrale
2 rameaux de petites roses
1 fleur d'hydrangea, divisée en fleurons
1 tige de sedum, divisée en fleurons
1 brin de romarin
rouleau de ruban adhésif de fleuriste
fil de fer de fleuriste (fil de fer fin argent de calibre 32 et fil de fer de calibre 71)

1 Montez sur fil de fer fin (calibre 32) tous les éléments séparément à l'exception de la grosse rose. Prenez cette dernière et coupez la tige juste sous la fleur. Insérez un fil de fer de calibre 71 dans ce qu'il reste de tige. Couvrez tous les fils de fer de ruban adhésif de fleuriste.

2 Un bouquet à porter en boutonnière est composé de trois éléments –un grand et un petit triangle et une fleur principale (ici, la grosse rose). Pour les triangles, commencez avec une fleur et formez un triangle. Recouvrez les fils de fer regroupés de ruban adhésif.

3 Prenez le grand triangle et fixez-y la grosse rose. Les tiges en fil de fer doivent toutes pointer dans la même direction.

4 Maintenant, positionnez le triangle plus petit sous la fleur de la rose. Fixez-le à la tige principale du premier triangle, en courbant le fil de fer comme nécessaire et en utilisant du ruban adhésif pour le maintenir en place.

CI-CONTRE Ce petit bouquet sophistiqué dans des nuances séduisantes de pêche antique serait parfait pour une mariée plus âgée ou un second mariage. Du fait de sa taille généreuse, il est divin sur un sac à main vintage en satin.

CETTE PAGE Loin de la broche de mariage traditionnelle, les tons rose bonbon de cette orchidée exotique ressortent sur la veste mandarine vif.

CHOISIR DES FLEURS POUR UN MARIAGE

Le jour de votre mariage doit être un moment où vous pouvez vous abandonner à l'exaltation et à l'émotion de ce grand événement et passer du temps avec vos amis et votre famille. D'après mon expérience, il vaut beaucoup mieux laisser les fleurs à quelqu'un dont vous reconnaissez les compétences –de préférence un fleuriste professionnel mais peut-être aussi un ou une ami(e) talentueux et expérimenté en art floral et qui a déjà réalisé des compositions pour des occasions spéciales auparavant.

LA CREATION

Il y a tant de décisions à prendre autour d'un mariage. A mon avis, les fleurs sont l'un des éléments les plus importants. Elles renforceront le thème que vous avez choisi et, lorsqu'elles sont employées correctement, elles ont un impact énorme. Optez toujours pour le fleuriste qui semble enthousiasmé et inspiré par vos idées ou, si vous êtes sans parti pris, un fleuriste qui vous suggère de nouvelles idées.

LE BUDGET

Un bon fleuriste travaillera en respectant votre budget, vous suggérant des fleurs qui vous donneront le maximum d'effet pour l'enveloppe dont vous disposez. Une fois, j'ai décoré le lieu du mariage avec des feuilles d'automne. L'allée centrale était ornée de feuillages, il y avait des compositions sur piédestal comprenant des branches de baies ambre et les tables étaient jonchées de feuilles et de petites bougies sur des supports ambre. C'était magique et sans avoir fait sauter la banque !

Les premières impressions comptent. Ne soyez donc pas tenté de distribuer votre budget de façon éparse –une composition imposante et extravagante restera dans les mémoires alors que six compositions plus petites, qui coûteront le même prix, resteront dans l'ombre et ne donneront lieu à aucun commentaire.

LE THEME

Conservez les coupures de magazines présentant des fleurs de mariage que vous aimez, fixez-les avec des trombones et travaillez-les autour de votre choix de couleurs. Les roses évoquent la féminité et la douceur, le rouge est une couleur plus sexy, plus « femme fatale », alors que les blancs peuvent couvrir une gamme de différentes atmosphères, de la pureté à la sophistication. Assurez-vous de choisir une combinaison de couleurs qui vous convient à vous et non seulement au tapis du lieu !

L'INDIVIDUALITE

La plupart des futures mariées que je rencontre dans ma boutique demandent « quelque chose de différent ». Ceci peut être merveilleux pour le fleuriste, car c'est une opportunité pour lui d'être créatif. Mais veillez à ce que les idées ne datent pas trop vite –sans quoi vos photos de mariage sembleront embarrassantes dans deux ans. Un mariage devrait refléter vos goûts et vos émotions, ne vous laissez pas persécuter par des amis ou des membres de votre famille bien intentionnés. D'autre part, c'est votre grand jour, vous ne voulez donc pas que vos fleurs semblent ordinaires –elles doivent être spéciales !

LA SAISONALITE

La saison à laquelle votre mariage a lieu aura un impact sur vos choix. Elle influera aussi sur le coût. Le muguet, par exemple, était à l'origine disponible en mai seulement. Aujourd'hui, on le trouve tout au long de l'année –à un prix élevé ! Il est souvent possible de s'approvisionner en fleurs hors de saison si l'on dispose de suffisamment de temps mais ceci se répercutera sur votre budget. Un bon fleuriste saura exactement ce qui disponible, quand et suggérera d'autres choix possibles.

L'ATTENTION PORTEE AUX DETAILS

C'est de la plus haute importance dès qu'il s'agit d'un mariage. Amenez des échantillons de tissus à votre fleuriste pour que les couleurs puissent être coordonnées, regardez aussi tous les rubans qui seront utilisés, les perles et les articles de passementerie. Les fleurs sont une chose naturelle et il est toujours possible que les choses tournent mal. Si vous confectionnez vous-même votre bouquet, couvrez bien tous les angles et consacrez du temps pour en réaliser un essai.

ECHANTILLONS DE COULEURS

Une des choses que j'aime le plus avec les fleurs, c'est le gigantesque spectre de couleurs qu'elles offrent, des rouges et des violets théâtraux et pleins de tempérament aux pastels appétissants et glacés et aux blancs parfaits et éthérés. Lorsque vous décidez d'un thème de couleur pour un mariage ou une autre cérémonie, il est utile de savoir exactement quelles fleurs sont disponibles et dans quelles couleurs. Et que j'élabore des

LES BLANCS & LES CREMES
Roses, lys, freesias, lilas, jacinthes, œillets, hydrangeas, pivoines, tulipes, amaryllis, glaïeuls, ail d'ornement, agapanthes, giroflées, stéphanotis, tubéreuses, gardénias, muguet, delphiniums

YELLOW
Roses, lilies, freesias, chrysanthemums, sunflowers, ranunculus, carnations, eremurus, gladioli, honeysuckle, gerbera, iris, narcissus, forsythia, antirrhinums, dahlias

LES ORANGES
Roses, lys, œillets, gerberas, glaïeuls, tulipes, soucis, strélitzias, pavots, carthames, célosies, banksias, dahlias, leucospermum

LES ROUGES
Roses, œillets, lys, anémones, amarantes, célosies, amaryllis, tulipes, renoncules, pivoines, héliconias, gerberas, glaïeuls, euphorbes, photinias, dahlias

compositions florales chez moi ou que j'assemble les cadeaux de ce livre, je trouve qu'expérimenter les couleurs est l'une des parties les plus créatives (et plaisantes) du processus. Pour ce qui est de choisir des fleurs, j'espère que les échantillons de couleurs ci-dessous constitueront le point de départ de votre inspiration.

LES ROSES

Roses, œillets, lys, renoncules, amaryllis, pivoines, tulipes, phlox, giroflées, proteas, jacinthes, hydrangeas, gerberas, glaïeuls, freesias, célosies, orchidées

LES VIOLETS & LES MAUVES

Roses, œillets, delphiniums, jacinthes, ail d'ornement, asters, agapanthes, orchidées, jacinthes, iris, dahlias, anémones, tulipes

LES BLEUS

Delphiniums, jacinthes, hydrangeas, campanules, véroniques, agapanthes, scabieuses, muscaris, aconites

LES VERTS

Roses, renoncules, œillets, amarantes, tulipes, orchidées, lys, chrysanthèmes, crucifères, capsules de pavot, iris, hydrangeas, ellébores, molucellas

SHOPPING EN ANGLETERRE

VASES ET RÉCIPIENTS

Alfie's Antiques Market
13–25 Church Street
London NW8 8DT
020 7723 6066
www.alfiesantiques.com
Large et éclectique variété d'antiquités dont des vases en verrerie et des céramiques uniques.

Atelier Abigail Ahern
137 Upper Street
London N1 1QP
Ou boutique en ligne sur
www.atelierabigailahern.com
Collection éclectique et sophistiquée de meubles et objets dont des bols en grès tournés à la main aux formes improbables et des vases en verres soufflés dans des teintes délicates vert pâle et marron.

Bodo Sperlein
Unit 1.05 OXO Tower
Barge House Street
London SE1 9PH
020 7633 9413
www.bodosperlein.com
Sperlein fait aussi des créations pour des fabricants de porcelaine dont Lladro, Thomas Goode et Churchill China.

Brissi
196 Westbourne Grove
London W11 2RH
020 7727 2159
Allez sur leur site www.brissi.co.uk pour trouver l'adresse du magasin le plus proche de chez vous.
Vaisselle Simple et élégante avec un faux air d'ordinaire chic. De jolis vases en verre et en céramique.

Conran Shop
Michelin House
81 Fulham Road
London SW3 6RD
020 7589 7401
www.conran.co.uk
Des modèles à la pointe dont des vases en verre transparent aux formes et tailles variées, des vases en plexiglas décalés et originaux ainsi que des céramiques plus grossières.

Debenhams
www.debenhams.com
Commercialise, entre autre, ma propre ligne de vases, pots pourris et bougies parfumées « Jane Packer ».

Design Nation
020 7320 2895
www.designnation.co.uk
Ce site web fait la promotion de modèles anglais et expose le travail de jeunes céramistes et créateurs d'objets en verre dont Annette Bugansky (voir page 40).

Designers Guild
267 Kings Road
London SW3 5EN
020 7351 5775
www.designersguild.com
Des vases décoratifs, quelques céramiques faites à la main et de la vaisselle.

Dotmaison
www.dotmaison.com
Site web de décoration d'intérieur offrant une large sélection de vases comme LSA International, Littala ou encore Rosenthal. De nombreux vases transparents de toutes formes et de toutes tailles.

Graham & Green
4 Elgin Crescent
London W11 2HX
020 7243 8908
Allez sur leur site www.grahamandgreen.co.uk pour acheter en ligne ou trouver l'adresse du magasin le plus proche de chez vous.
Vases et récipients à foison, grande variété de styles, du classique féminin au contemporain épuré.

Habitat
Allez sur leur site www.habitat.fr pour trouver l'adresse du magasin le plus proche de chez vous.
Bon rapport qualité-prix, vases en bois, en verre ou galvanisés.

Heal's
196 Tottenham Court Road
London W1T 7LQ
020 7636 1666
Allez sur leur site www.heals.co.uk pour trouver l'adresse du magasin le plus proche de chez vous.
Styles classiques et contemporains, surtout en verre mais avec quelques articles en céramiques.

Iittala
126 Regent Street
London W1B 2EB
020 7287 5600
www.iittala.com
Objets scandinaves indémodables aux couleurs vives.

Ikea
Allez sur leur site www.ikea.com pour trouver l'adresse du magasin le plus proche de chez vous.
Des vases chics et pas chers qui ressemblent à s'y méprendre aux originaux des créateurs.

Jane Packer
32–34 New Cavendish Street
London W1G 8UE
020 7935 0787
Sélection soigneusement choisie de vases et récipients étonnants et surprenants qui reflètent mes goûts et mes méthodes toutes particulières pour l'art floral.

John Lewis
Oxford Street
London W1A 1EX
020 7629 7711
Allez sur leur site www.johnlewis.com pour trouver l'adresse du magasin le plus proche de chez vous.
Une vaste gamme de vases et autres récipients en céramique bon marché, ainsi que de la verrerie, des paniers et même des sacs en canevas.

LSA International
Allez sur leur site www.Lsa-international.com pour trouver l'adresse du magasin le plus proche de chez vous.
Objets en verre et céramique pratiques, jolis et stylés.

Liberty
Regent Street
London W1B 5AH
020 7734 1234
De merveilleux objets faits à la main, dont certains sont des pièces uniques.

Mint
70 Wigmore Street
London W1U 2SF
020 7224 4406

www.mintshop.com
Vaisselle originale, indémodable ou totalement décalée que vous ne trouverez nulle part ailleurs.

Nicole Farhi Home
17 Clifford Street
London W1X 8BY
020 7494 9051
www.nicolefarhi.com
Des céramiques élégantes et délicates.

Rachel Dormor
www.racheldormorceramics.com
De la vaisselle chic mais fonctionnelle ainsi que des pièces imposantes en porcelaine.

Scabetti
www.scabetti.com
Des vases hors du commun dessinés par Dominic et Frances Bromley.

Skandium
86 Marylebone High Street
London W1U 4QS
020 7935 2077
www.skandium.com
Des vases épurés créés par de grandes maisons scandinaves : LItala, Kosta Boda, Orrefors ou Normann Copenhagen.

Vessel
114 Kensington Park Road
London W11 2PW
020 7727 8001
www.vesselgallery.com
Le top de la création contemporaine en verre et céramique, avec de nombreux modèles scandinaves ou italiens du 20e siècle.

Vivienne Foley
www.viviennefoley.com
Des pièces bien conçues et surprenantes.

Voodoo Blue
020 8948 1818
www.voodooblue.co.uk
Des paniers en sisal de toutes les formes, tailles et couleurs, faits à la main au Kenya.

The White Company
Allez sur leur site www.thewhitecompany.com pour trouver l'adresse du magasin le plus proche de chez vous.
Vaste gamme d'accessoires très décoratifs dont des vases en verre et de jolies céramiques.

Zara Home
020 7590 6990
www.zarahome.com
Bon rapport qualité-prix pour ces vases et récipients d'inspiration marocaine.

MATÉRIEL

Easy Florist Supplies
www.easyfloristsupplies.co.uk
De la mousse sous toutes les formes, y compris des cœurs et des couronnes. Egalement des vases à col étroit ou cubiques, de la ficelle, des couteaux et des sécateurs.

Floristry Supplies Direct
http://stores.ebay.co.uk/Floristry-Sundries-Direct
Mousse pour fleurs fraîches aux formes variées, ainsi que d'autres produits de la marque Oasis.

Rainbow Florist Supplies
0800 212869
www.rainbowfloristsupplies.co.uk
Fils de fer, mousse, ficelle, ruban adhésif de fleuriste et plus encore.

Rays Florist Sundries
www.raysflorist.co.uk
Grande variété de mousse, ficelle, ruban adhésif de fleuriste, épingles à tête nacrée, cellophane, papier de soie et objets coupants.

MARCHÉS AUX FLEURS

Columbia Road Flower Market
Columbia Road
London E2 7QB
Le dimanche de 8 h à midi

Covent Garden Market
Nine Elms
London SW8 5NX
www.cgma.gov.uk
Ouvert du lundi au vendredi
De 3 h à 11 h du matin
Le samedi de 4 h à 10 h du matin

Flower Market
Market Precinct
Pershore Street
Birmingham B5 6UW

Flower Market
Bernard Street
Southampton SO14 2NS

New Smithfield Market
Whitworth Street East
Oppenshaw
Manchester M11 2WJ

Yorkshire Produce Centre
Pontefract Lane
Leeds LS9 0PS

INDEX

Les nombres en italique indiquent des légendes.